U0478931

丛书主编◎鞠远方　林媛媛

幼儿园课程生活化教研探索丛书

和孩子们一起幸福地过日子：
"有温度"的幼儿园食育

本书主编◎隋玉玲　林琼

海峡出版发行集团｜福建教育出版社

图书在版编目（CIP）数据

和孩子们一起幸福地过日子："有温度"的幼儿园食育/隋玉玲，林琼主编. —福州：福建教育出版社，2024.11
（幼儿园课程生活化教研探索丛书/鞠远方，林媛媛主编）
ISBN 978-7-5334-9931-0

Ⅰ.①和… Ⅱ.①隋… ②林… Ⅲ.①幼儿园－课程建设－研究 Ⅳ.①G612

中国国家版本馆 CIP 数据核字（2024）第 066025 号

幼儿园课程生活化教研探索丛书
丛书主编　鞠远方　林媛媛
He Haizimen Yiqi Xingfu De Guo Rizi："Youwendu" De You'eryuan Shiyu

和孩子们一起幸福地过日子："有温度"的幼儿园食育
本书主编　隋玉玲　林琼

出版发行	福建教育出版社
	（福州市梦山路 27 号　邮编：350025　网址：www.fep.com.cn
	编辑部电话：0591-83763625
	发行部电话：0591-83721876　87115073　010-62024258）
出 版 人	江金辉
印　　刷	福建新华联合印务集团有限公司
	（福州市晋安区福兴大道 42 号　邮编：350014）
开　　本	710 毫米×1000 毫米　1/16
印　　张	8.25
字　　数	109 千字
插　　页	1
版　　次	2024 年 11 月第 1 版　2024 年 11 月第 1 次印刷
书　　号	ISBN 978-7-5334-9931-0
定　　价	31.00 元

如发现本书印装质量问题，请向本社出版科（电话：0591-83726019）调换。

编 委 会

丛书主编： 鞠远方　林嫒嫒

本书主编： 隋玉玲　林　琼

编　　委： 刘冰灵　彭如玲　宁杨静

编 写 者：（按姓氏笔画排序）

马嘉曦	王　欣	宁杨静	任玥蓉	刘冰灵
刘汐汐	李　立	李　冰	杨凌燕	杨慧媛
肖杏影	吴莉莉	陈文清	陈筱倩	陈颖秀
范诚琳	林　琼	周思祺	郑景云	郑　蕊
练伟珍	俞海玲	祖桂枝	徐文靓	隋玉玲
彭如玲	游屏田			

序

生活化是幼儿园课程的基本特征，是幼儿园课程改革的基本命题。2018年起，福建省普通教育教学研究室幼教科正式启动幼儿园课程生活化的课改行动，以福建省幼儿教育研究基地园培育项目为抓手，引领数十所省级幼儿教育研究基地开展有主题、有目标、有结构的行动研究，致力于通过课程生活化来深化福建省幼儿园课程内涵，形成具有科学性、创新性、可推广性的闽派幼儿园课程改革成果。

为进一步触发教育实践工作者的反思与超越，2020年底，福建省普通教育教学研究室幼教科通过与众多专家的探讨，最终提出了"和孩子们一起幸福地过日子"这一课改思想，它直接、鲜明地凝练出了幼儿园课程生活化改革的实践期许，也反映全体项目组园所对初心、目的、过程的共识。

"幸福"强调生活与教育的终极意义

幸福是人类生活的永恒情结和人类发展的原动力。因此，幸福应当成为教育的基本使命，是落实课程生活化的起点与归宿。必须确信，教师之于幼儿幸福是可为的，亦是负有使命的：教师需要也应当让幼儿感受到生活过程的幸福，让幼儿感受到生活真理不断敞亮的幸福，让幼儿感受到生命智慧渐次启迪中的幸福。

幸福并非抽象、虚无的，它会落脚在具体的生活中，落脚在切身的体验中：教师要让幼儿获得"存在感"，使其能"在自己创造的世界中感受做主人的喜悦"；教师要让幼儿获得"实现感"，使其获得情感的充分释放、经验的充分调配、智慧的充分实践；教师要让幼儿获得"收获感"，使其收获友谊、收获进步、收获尊重；教师要让幼儿获得"相遇感"，让儿童与儿童相遇，让教师与儿童相遇，使其收获人际间的社交温情、心灵间的相互陪伴。

这些幸福的体验绝不仅生长在童年生活的当下，还会成为一种终身幸福的潜在资本，以其特有的线索、逻辑在儿童生命长河之中融会贯通，滋养灵敏的思维、积极的情操、高尚的品格等，使其拥有真正完整而幸福的人生。

"幸福地"强调教育过程中的情感向度

幼儿在园生活中表露的外显情感需要被教师所"在意"，那些潜藏的内隐情感需要教师在师幼共处的点滴中持续维护与滋养。若隐蔽了情感，幼儿的生活将被机械的知识和冰冷的问题裹挟，缺失心灵之间的相互慰藉和抵达，原生的善意和美好将难以获得滋养。

追寻情感向度，需要教师从对"课程怎么做"的焦虑与目的中有意地抽离，走进幼儿的情感世界，给予儿童高质量的爱，即一种基于情感与关系的灵魂深处的陪伴与支持。

"和孩子们一起"强调教师要积极去和幼儿交往

教师是幼儿成长的重要他人，教师的言行举止不仅是教育影响的重要内容，亦是幼儿在其实际生活中十分在意的内容。一个优秀的教师，必然是幼儿渴望交往的对象；一个优秀的教师，必然热衷且善于与幼儿交往。

为此，与儿童日常相处的教师，应当真正地成为儿童的成长伙伴，他们愿意与儿童交往、善于与儿童交往、享受与儿童交往，并能通过积极的交往让儿童获得愉悦的体验、智慧的启迪、人格的滋养。

研究团队持续研究和学习如何与幼儿交往、如何积极地与幼儿交往，让师幼双方在彼此信任、敞开自我的心境之下，共同营造独特而幸福的生活样态。十分庆幸，在多年的努力下，教师慢慢地在"退"与"进"中重拾信心和底气，人际间的"人情味"越来越足，师幼关系愈加和谐融洽，师幼双方共同朝着幸福与美好同行。

"过日子"强调生活的价值以及"生活化"的实践要义

"过日子"是人们对生活展开过程的最朴素的描绘。课程的生活化就是强调让教育的过程还原到生活的本真，让课程自然地落脚在儿童的生活和行动里：它不需要教师为呈现与众不同的"优质课程"而绞尽脑汁地设计课程，而是需要教师在与儿童的共同生活中不断思考"儿童需要我们做些什么"，从而从容、自然地生发课程，以此助力儿童更加投入地解决问题、建构经验，让儿童因为课程的实施而更加亲近、受益于自己的生活。

可见，实施高质量生活化课程的关键在于教师要支持儿童以儿童的节奏、儿童的方式去过儿童想过且有价值的生活。我们也正为此而不断地修炼看待生活、看待课程的态度和眼光：在课程实施的过程中能够更敏锐地观察生活，利用生活；在课程实施的过程中能以更高位的视角看待生活，敬畏生活；在课程实施的过程中以更虔诚的态度，让课程服务生活；在课程实践中，继续努力实现儿童经验本位与儿童发展本位，让幼儿的潜能得到更充分的发挥。

"和孩子们一起幸福地过日子"是对"教育者姿态"的反思与追寻

"和孩子们一起幸福地过日子"是对教师工作实践状态的期许。在教育与教研实践中，我们常常困扰于教师的观念、教师的行事，却很少真正站在课程主体的立场上思考，究竟幼儿喜欢的教师是什么样的，究竟幼儿希望我们怎样与他们相处。

作为陪伴幼儿成长的关键他人，"教育者姿态"是幼儿所关切的。教师应当是一个能够让幼儿感受到信任、自在、快乐的人。首先，必须要"有趣"，要读得懂幼儿的快乐才能与幼儿一起创造和享受快乐；其次，必须要"有爱"，在幼儿受到误解、否定、轻视的时候，能够理解，能够欣赏，能够给予光亮，让幼儿感到和教师在一起的松快；再次，要"有胸怀"，知进退、大格局、不冲动妄为，不斤斤计较，让幼儿放松地表露真情实感；最后，要"有智慧"，敏于洞悉、善于点拨、慧心巧思，能够在幼儿漫漫的在园时光中，使智慧得到徐徐点亮。

我们希望教师能够在教育生活中时刻保持对"我是什么样的人""我以何姿态与幼儿相处"的敏感，去端正和优化自身的姿态，扪心自问、客观评价：我们是否被幼儿认知为这样的人，这样基于儿童视角的美好的人。

总而言之，"和孩子们一起幸福地过日子"是希望教师以美好的心灵、美好的姿态去与幼儿交往，在鲜活的共同生活中珍视一切有价值的真实发生，自觉关心儿童生活世界的"色调"和"纹理"，用真挚的情感与情谊"以情化育"，以积极的价值观和支持力润泽儿童的生长过程，成就幼儿幸福的童年体验以及终身幸福的潜力，而教师也能从中收获幸福的反哺，与儿童幸福共生。

尽管目前的研究和成果离这一期许还有一定距离，但这些年，福建省幼儿教育研究基地园展现出了热切的教育情怀、积极的教研状态，成为了福建幼教团体中一股备受瞩目且激奋人心的力量。他们基于本园课程基础，选取不同研究点进行了扎实的研究，努力实现对"和孩子们一起幸福地过日子"这一主张的实践诠释：他们各自围绕研究内容提出了一个简明的实践主张，生成了多个温暖、幸福的课程故事，还梳理了丰富多元的实践策略以说明、启示如何让主张实现于课程实践。这些成果为幼儿园落实课程生活化提供了鲜活的样本和工具。截至2023年，我们的研究已孵化出如下成果：福建幼儿师范高等专科学校附属第一幼儿园《"有温度"的幼儿园食育》、福建省莆田市荔城区第二实验幼儿园《温暖的师幼闲聊》、福建省厦门市莲云幼儿园《创"有意思"的幼儿园环境》、福建省福安市第二实验幼儿园《看见幼儿生活中的课程资源》、福建省晋江市池店镇桥南中心幼儿园《守护幼儿的愿望》。此外，另有二十余所幼儿园正在努力进行实践探索、孵化成果，有待后续推进。

在此丛书出版之际，首先，感谢福建省普通教育教学研究室郑云清主任对幼教工作的鼎力支持与关怀，让本项课题研究有底气、有平台、有动力；其次，感谢南京师范大学虞永平教授、许卓娅教授，福建师范大学林菁教授、吴荔红教授、孟迎芳教授、张玉敏博士对本项研究直接或间接的指导，以及各地市幼教教研员在属地基地园研究过程中给予的专业推进，这些专业引领是支持研究团队不断前行的力量；再次，感谢三年多来一起同行的基地园单位，从八闽各地因美好的情怀走到一起，在"真研究"的历程中付出了极大的心血，终以赤诚的信念孵化出了丰硕的成果，幼儿园的信任和努力激励我们继续开拓进取；最后，感谢福建教育出版社以丛书的形式支持基地园成果的出版，这对整个研究团队、对基地园所而言都是莫大的鼓励，也使福建省普教室幼教科有关课程改革的行动实现了更大范围的辐射推广。感激之情浓浓，难言尽。

本套丛书的出版，是一种激励，更是一种鞭策。我们会继续不懈努力，在课程改革的进程中持续深思与优化教育观、儿童观、课程观，以生活为载体、以幸福为基调，积极追寻、努力实现"和孩子们一起幸福地过日子"！

前言

福建幼儿师范高等专科学校附属第一幼儿园在深入践行"关爱生命、根植生活、共同成长"园本"关爱课程"理念过程中，始终站在儿童的视角，倾听儿童的需要，持续研究儿童的生活。在福建省普通教育教学研究室幼儿教育研究基地园项目的驱动下，基于"和孩子们一起幸福地过日子"的理念，开展了"基于幼儿身心健康的家园食育研究"，提出了"做'有温度'的幼儿园食育"这一主张，凝练了"满足需要、丰实生活、成就幸福"的食育理念，实现了幼儿食育从生理满足、习惯养成到生活情意的达成，帮助幼儿储备当下乃至终身发展所必备的积极的情绪情感、强健的身体素质、良好的生活习惯和生活能力。

本书通过内涵诠释、实施原则、实施要点三个方面，对"做'有温度'的幼儿园食育"这一主张进行深入阐述，并从儿童的发展、教师的成长、课程的转变、环境的优化四个方面，具体阐明了主张的实践意义，解答了"为何要做'有温度'的食育""什么样的幼儿园食育是'有温度'的"等理念与实践层面的问题。同时，基于幼儿在食育活动中的主要问题和发展需求，围绕有温度的日常食育活动、有爱的食育环境创设、有智慧的家园食育协作三个方面，撷选了27个有针对性、操作性强、易于推广辐射的食育小策略，以及5个真实鲜活的食育课程故事作为案例，通过文字描述、照片说明、视频呈现、分析解读等，生动阐述了"幼儿园食育何以'有温度'？"，充分体现了幼儿园保教团队实施"'有温度'的幼儿园食育"的探索研究和经验总结。

　　食育是回归生活本真的教育，更是回归教育本真的生活。做有温度的幼儿园食育，让幼儿享受饮食带来的幸福体验，感受生活的美好，滋养内在的成长，提高幼儿的生活品质和生命质量，进而引领幼儿迈向幸福生活。

目 录

理念与策略

第一章 实践主张：做"有温度"的幼儿园食育 ········ 3
（一）内涵诠释 ··· 3
（二）实施原则 ··· 6
（三）实施要点 ··· 7

第二章 "有温度"的幼儿园食育的实践意义 ·········· 9
（一）儿童的发展 ·· 9
（二）教师的成长 ·· 10
（三）课程的转变 ·· 12
（四）环境的优化 ·· 16

第三章 幼儿园食育的实践智慧 ···················· 19
"有温度"的日常食育活动 ································· 19
　趣味进餐 ··· 19
　大带小快乐陪餐 ··· 21
　"1、2、3"的取餐约定 ·································· 22
　餐前乐趣多 ·· 24
　自选配菜真美味 ··· 25

自助餐中的好习惯 …………………………………… 26

　　粗粮早点益健康 ……………………………………… 27

　　合餐礼仪我知道 ……………………………………… 29

　　美食传承人进班级 …………………………………… 30

　　生日花馍 ……………………………………………… 31

　　班级特色菜 …………………………………………… 33

　　快乐小帮厨 …………………………………………… 34

　　美食DIY ……………………………………………… 35

有爱的食育环境创设 ……………………………………… 37

　　食材小天地 …………………………………………… 37

　　早点屋的约定 ………………………………………… 38

　　主题小包厢 …………………………………………… 40

　　文明公约小桌牌 ……………………………………… 41

　　"光盘"请亮灯 ……………………………………… 43

　　食育小园地 …………………………………………… 44

有智慧的家园食育协作 …………………………………… 46

　　面包变变变 …………………………………………… 46

　　学做小当家 …………………………………………… 48

　　美食直播间 …………………………………………… 49

　　共享快乐"食"光 …………………………………… 51

　　萝卜美食汇 …………………………………………… 52

　　食育资源齐共享 ……………………………………… 54

　　营养师有话说 ………………………………………… 56

　　保健医生来支招 ……………………………………… 58

课程故事

慢慢喜欢你——胡萝卜 ·· *63*
我们的茶歇好"食"光 ·· *73*
餐厅包厢情趣多 ·· *83*
自己来调味 ·· *92*
"食"之有味的假期 ·· *104*

扫码观看部分案例视频

理念与策略

第一章　实践主张：做"有温度"的幼儿园食育

（一）内涵诠释

1. 主张的内容

福建幼儿师范高等专科学校附属第一幼儿园基于园本关爱课程理念和食育研究，提出了"做'有温度'的食育"这一主张，凝练了"满足需要、丰实生活、成就幸福"的食育理念。

现今，食品安全与生命健康已经成为人类非常关心的问题，伴随着生活节奏的加快，人们的饮食习惯、结构都发生了巨大的变化。对于幼儿来说，良好饮食习惯的培养教育，显得尤为重要。在这一背景下，食育不仅反映出人们追求健康生活的需要，更成为一种维系人际关系和文化传承的纽带，因此我们认为食育应当是有温度的。"有温度"的食育是基于幼儿身心健康，满足幼儿身心发展的需要；是能引发幼儿自主参与，有丰富情感体验且具有适度挑战性的食育生活；是能激发幼儿享受美食的幸福感，从而实现从生理满足、习惯养成到生活情意的兼达。

按照人类发展生态学的观点，儿童的饮食观念与行为的建立，受到由小到大层层扩散的生态系统的影响，这些生态系统或直接，或间接地对儿童的发展施加影响，而其中来自教师和家长的影响起到了关键作用。在幼儿教育和成长阶段，提高幼儿园教师的营养素养，并向其父母施加营养干预，有助于改善幼儿园和家庭的营养供给。我们确信，做"有温度"的食育不仅可以系统地改变教师、家长的饮食观念，从而不断扩大这一实践的受益群体，更有助于培养儿童的营养素养，对其健康成长和将来的幸福健康十分重要。

斯宾塞在《什么知识最有价值》一文中提出"完满生活的五个方面"，他按照重要的程度把人类生活的几种主要活动加以分类。这几类活动在园所的食育课程中，都得到了充分的体现：

第一，直接有助于自我保全的活动。认识食物的来源，了解合理膳食和拥有健康饮食习惯对身体成长的重要性，帮助储备当下乃至终身发展所必备的强健的身体素质，培养良好生活习惯和生活能力。

第二，从获得生活必需品而间接有助于自我保全的活动。食育活动与劳动教育相链接，参与力所能及的帮厨、种植等劳动，获得正确使用厨具、有序整收食材等力所能及的相关劳动知识、技能和方法，养成自主劳动、乐于劳动的意识和习惯。

第三，目的在抚养和教育子女的活动。在家长的引导下，亲子互动，一起收获食物与营养、节气与饮食、种植与制作等多方面的知识经验，逐步形成健康的饮食习惯和文明的饮食行为。

第四，与维持正常的社会和政治关系有关的活动。开展餐桌礼仪活动，内化就餐礼仪，并将健康饮食习惯与文明饮食行为等养成教育的有益经验辐射、拓展和延伸到家庭，增进家庭间的情感交流和社会交往。

第五，在生活中的闲暇时间用于满足爱好和感情的各种活动。食育与文化交融，欣赏和感受中华饮食带来的美好体验，渗透对孝敬长辈、家和团圆、热爱家乡等家国情怀，增强传承中华优秀传统文化的意识。

2. 主张的意义

首先，从个体发展的角度，重构幼儿园食育目标，使之拓展至全人发展的内涵。我们将饮食作为载体开展幼儿园保教工作，用马斯洛需要层次理论，重构了幼儿园食育目标的"金字塔"，自下而上依次是：生理需求——培养健康的饮食习惯，提升幼儿的生活自理能力；安全需求——通过温馨、舒适、安全、民主的饮食心理氛围，帮助幼儿开放心态，乐于接纳新食物，逐步形成自主性和主动性；爱和归属感——让幼儿更愿意亲近自然与社会，增进亲社会行为和归属感，适应社会行为规范；尊重——使幼儿获得自尊、自信、自主，提升幼儿人际交往的意愿与能力，感受中华饮食文化"精""美""情""礼"等特点，树立幼儿的文化自信，养成对多元文化的尊重包容；自我实现——在探究与解决食育问题中培养幼儿崇真尚美的品质，让幼儿敢于接受挑战，克服困难，实现自己的目标。

马斯洛的需要层次理论

　　其次，从社会发展的角度，将食育作为联系家园之间的纽带，家园携手、同频共振，引领幼儿迈向幸福生活。我们在研究中发现，许多幼儿园在开展饮食方面的家园共育时遇到困难，家园之间甚至产生难以调和的矛盾。出现这一现象的原因主要有两个：一是家庭所代表的传统饮食习惯和幼儿园食育所倡导的现代科学饮食之间存在矛盾，物质文化（食品原料、设备、技术、消费水平）变迁的速度往往快于非物质文化（饮食习惯、风俗、价值取向）变迁的速度，这就会造成各部分之间的差距、错位，在社会学上称之为"文化堕距"；二是幼儿园对家庭饮食习惯的调研表面化、形式化，对家庭结构、生活方式和饮食习惯的研究不够深入，如简单地认为父母辈的饮食比祖辈的饮食更健康科学，事实上一些家庭虽然由受教育水平更高的年轻父母和幼儿共同生活，但由于工作繁忙、缺乏烹饪技巧，家庭饮食中食用加工食品的频率较高，家长的健康饮食知识储备与饮食行为之间相悖。这些现象和问题给我们一个启示：家庭和幼儿园是影响幼儿饮食习惯与行为的两个关系最为密切的微观系统。因此，幼儿、教师、家长需形成共同体，在以爱育爱园本文化的滋养下，在食育教育的浸润下协同并进，共同成长。开展家园食育研究，能促使幼儿园不同岗位保教人员组成研究共同体，形成教育合力，增强保教人员的食育理念，提升保教人员实施食育活动的能力；家园形成食育研究共同体，可增强家长共育意识，在共同劳动、共同生活中，增进家庭成员之间的亲密关系，形成每个家庭不同的"家文化"，传承勤劳节俭、尊老爱幼等好家风。家是最小国，国是千万家，每一个家庭的和谐美满，都是社会安定团结和中华民族生生不息、薪火相传的重要力量。

（二）实施原则

1. 保障幼儿身心健康

在满足幼儿营养均衡需要，渗透饮食习惯养成教育的同时，享受美好与幸福的生活情意，从而获取面向未来的力量。

2. 根植儿童生活

注重拓展儿童食育生活的内涵与外延，关注儿童在园和家庭的饮食生活，将幼儿熟悉的周围生活与节日生活等素材，编织成食育课程内容，通过多种实施路径不断丰富对幼儿有益的饮食经验，让食育过程成为回归儿童生活的教育。

3. 家园协同共育

从食育理念、食育需求、食育行为、家文化与传统文化等方面，与家长协商共育，实现家园食育同频共振。

（三）实施要点

1. 食育与日常生活融合

将幼儿园一餐两点心的常态化日常生活作为食育的基本路径，通过观察分析幼儿每日进餐情况、适时指导幼儿进餐行为、引导幼儿餐前准备与餐后整理等，将食育与幼儿的日常生活有机融合，循序渐进地渗透对幼儿坐姿端正、细嚼慢咽、不挑食物等健康饮食习惯，以及有序取餐、光盘净碗、使用公勺、保持桌面整洁等文明饮食行为的养成教育。

2. 食育与领域教育整合

深入践行"关爱生命、根植生活、共同成长"的园本"关爱课程"理念，围绕"爱自己、爱他人，追求生活真与美"的育人目标，从幼儿餐点活动中普遍存在的问题和幼儿学习与发展需要入手，以"什么都爱吃""美味的玉米""家乡的味道""我是快乐小帮厨"等一系列主题活动为载体开展食育，进一步丰富和提升幼儿对食物认知、营养搭配、进餐礼仪、餐点服务、饮食文化等方面的知识、经验和能力，促进幼儿在健康、语言、社会、科学、艺术等领域的协同发展。

3. 食育与劳动链接

遵循幼儿的年龄特点和学习方式，将种植照料蔬果、食材清洗准备、美食烹饪制作、餐后收拾整理等食育活动与劳动教育相结合，充分利用种植园、小厨房等活动区角，指导幼儿开展"发豆芽""玉米剥剥乐""制作花馍""包五色春卷"等食育区角活动，支持幼儿在亲历实践过程中，养成自主劳动、乐于服务的意识，获得正确使用厨具、有序整收食材等力所能及的劳动经验和能力。

4. 食育与文化相汇

充分挖掘拗九节、中秋节、元宵节等传统节日以及立春、清明、冬至等节气的饮食教育资源，引导幼儿参与搓汤圆、做月饼、包粽子等美食制作、品尝和分享活动，在感受节日氛围、品味节气美食的同时，了解节日和节气所传递的深刻寓意和文化内涵等，潜移默化地渗透对孝敬长辈、感恩馈赠、热爱家乡等优秀传统文化的认同感与归属感。

5. 食育与自然对话

因地制宜地利用室内外环境，师幼共同创设食材观察、互动与种植的区域。如在春季种植菠菜、土豆、茄子，秋季收集南瓜、芋头、柚子等时令蔬果，展示收成的玉米、小麦、水稻等粮食作物，呈现日常食谱所用的香菇、莲子、红枣等干货，引导幼儿运用多种感官观察与探索，丰富对食材外形特征、内部结构、生长规律等认知经验，使幼儿喜欢亲近自然、走进田园，获得种植和采摘的生活情趣。

6. 食育与家教协同

教师与家长形成家园食育共同体，通过家长进课堂、食育沙龙、居家食育指引、"营养师有话说"专栏等，将科学的食育理念、养成教育的有益经验、可迁移和借鉴的食育内容与形式等推广辐射到幼儿家庭，有针对性地指导家长开展亲子种植蔬果、采买食材、烹饪美食等食育活动，丰富幼儿家庭生活，增强亲子生活情意，提升家园共育质量。

第二章 "有温度"的幼儿园食育的实践意义

在深入开展"基于幼儿身心健康的家园食育策略研究"的进程中，在不断梳理和总结食育研究经验的过程中，我们发现在儿童的学习与发展、教师的课程观与教育行为、环境的创设与支持等方面，均呈现了不同程度的转变和发展。

（一）儿童的发展

1. 形成了健康饮食习惯和文明饮食行为

"关爱课程"理念下的食育活动，重视在日常生活、主题活动、活动区游戏、专项活动中渗透与培养幼儿的健康饮食习惯与文明饮食行为。通过观测分析实施食育指导和家园共育策略的实效性，我们看到幼儿在与食物的亲密互动过程中，收获了食物与营养、节气与饮食、种植与制作等多方面的知识经验，逐步形成了健康的饮食习惯和文明的饮食行为。从不爱吃到喜欢吃，到吃得健康的转变，从成人要我吃到我想主动吃的转变，从边吃边玩到文明进餐的转变……幼儿能按自己的需要取适量的菜品，懂得节约粮食，尽量做到不剩饭菜，餐后自主收拾餐具清洁桌面；吃饭时不大声喧哗开玩笑，合餐时使用公勺公筷；懂得吃垃圾食品对身体有害，会自主配餐并制订营养均衡的食谱；在与同伴共同准备美食、收拾整理的过程中，感受到为自己、为他人服务的乐趣，提升了交往能力与问题解决能力。

2. 提升了享受美食的幸福感

丰富多元的食育活动，让幼儿充分感受到了饮食的礼仪之美、环境之美、色味之美，享受了视觉的欢愉、味觉的快乐，滋养着内心的幸福感。他们不再是一提起吃饭就懒洋洋的样子，不再需要教师不停催促与提醒着进餐，而是能热情满满地期待着"今天吃什么"，好奇着"每道菜都有哪些食材"，探寻着"这么好吃的东西是怎么做出来的"。幼儿学会了为自己的餐点营造更温馨舒适的环境，在享用食物的过程中和同伴一起感受点滴的幸福与美好，并将在园内习得的制作、搭配、摆盘等技能运用到家庭生活中，和家人在周末假日一起制作、品尝美食，体验温馨欢乐的生活情意，让享受美食的幸福感不断提升。

3. 加强了对优秀传统饮食文化的认同感与自信心

教师将传统美食、饮食习俗、进餐礼仪等优秀传统饮食文化融入食育课程，幼儿通过欣赏视频、寻访美食、制作餐点、分享品尝等方式开展家乡小吃等系列活动，了解不同地域不同的饮食特点，感知饮食文化的多样性与丰富性；了解中华饮食文化中的情、趣、美、礼；知道传统饮食不时不食、四季有别的饮食理念等，潜移默化地培养了幼儿对中华饮食文化的热爱之情、探索之意，加深了幼儿对中华优秀传统饮食文化的认同感与自信心。

（二）教师的成长

1. 食育从成人视角转向儿童视角

在食育研究过程中，教师不仅关注幼儿吃什么、怎么吃，更加尊重幼儿的个体差异，站在幼儿的立场，关注幼儿的不同体质和饮食喜好，注重幼儿用餐的良好情绪以及安全、社会交往、尊重和自我实现等积极情感体验和心理需求。例如，采用马赛克研究方法，通过畅聊、调查、采访等形式，结合拍照、摄像、绘画等多种方式支持幼儿讨论有关进餐话题，了解幼儿的饮食问题与身心需要。满足幼儿对进餐环境与进餐方式的大胆想法和真实需求，鼓励和支持幼儿创设他们喜欢的主题餐厅小包厢，开展"草地茶歇好时光"，营造体验美好生活的温馨氛围，渗透健康饮食习惯与文明饮食行为的养成教育，让幼儿在自主创设环境、自制餐点美食、自由结伴用餐等过程中，实现幼儿食育从生理满足、习惯养成到生活情意的兼达。

2. 食育从健康视角拓展至文化视角

食物是自然与文化之间的联系枢纽，具有社会与文化的意义，幼儿园食育应进一步重建和传承饮食中的文化精神、文化价值和文化意识。在食育研究过程中，教师的关注点从单一的健康视角不断拓展至多元的文化视角，一方面充分挖掘饮食中的文化要素，如在学习制作花馍过程中逐步了解面点造型所传递的美好寓意，在品尝汀州米粉、海南椰子饭、日本寿司、意大利面等美食风味中，感受不同地域、不同国家饮食文化的丰富与多元，让幼儿对饮食的理解从物质层面过渡到文化层面。另一方面，引导幼儿将科学、优秀的饮食文化融入日常饮食生活中，如为幼儿园和家庭制订营养均衡的"五色食谱"，在享用中式合餐、西式分餐、自助餐中学习文明进餐礼仪等，不断传承和发展优秀饮食文化。

3. 研究与实践场域从幼儿园延伸至家庭

家庭是幼儿园教育的重要合作伙伴，也是影响幼儿饮食行为的重要场所，教师将研究视角和实践场域从幼儿园延伸到家庭，不仅关注幼儿的在园食育，也关切幼儿的在家食育。如向家长发放问卷调查，与家长进行交流访谈，全面了解家庭饮食结构、幼儿在家进餐情况等，关注家长具体而实际的生活化食育问题与需求。充分挖掘家长食育资源，指导家长利用节假日开展内容丰富、形式多样的家庭食育活动，丰富家庭生活，增进亲子情意，在节庆活动中品味家文化和传统饮食文化。开辟幼儿园和班级线上食育交流平台，建设和共享食育资源库，将科学食育理念和有益的食育经验推广辐射至家庭，优化家庭饮食结构，培养幼儿良好饮食习惯，拓展幼儿饮食文化视野，从而更好地达成家园协同、以食育人。

4. 研究主体从教师转向全员协同

打破以往以教师为研究主体的模式，充分调动和整合全员的力量，将与幼儿食育密切相关的家长、营养师、保健医生、食堂工作人员等都纳入保教团队，形成更加完备、多元的研究共同体。研究范畴贯穿监督和检查食品安全卫生，制订并执行科学的膳食计划，定期检测幼儿的生长发育状况，介入与改善营养不良或营养过剩幼儿的食疗安排，以及优化餐点的烹饪方式等环节。多元研究主体有益于不同岗位工作人员立足各自岗位职责与工作特点，从多角度、多层面研究幼儿的食育问题，更好地提升食育的专业性、科学性和有效性，促进幼儿食育理念的落地。

（三）课程的转变

许多幼儿园的食谱是全园统一的，进餐常规也是统一的。用一套统一的标准去要求来自不同家庭的幼儿，幼儿接受起来十分困难，由此引发了许多问题。这种现象背后的原因是，园长和教师受以泰勒为代表的现代主义的封闭的、线性的课程观影响，即认为存在一套既定的、普适性的规律与教育方法，存在可操作、可复制的步骤和策略，可用于所有学生的教育中。这显然是不现实的，因为教育对象的年龄越小，个体差异越显著，在饮食的观念和行为上，受原生家庭和文化的影响越大，从多元走向一元，对幼儿而言，是极为重大的挑战。如果幼儿园的食育课程不能突破这种现代主义课程观的影响，将很难落地实施。因此，我们吸纳了多尔的后现代课程观，在实施食育的过程中，在以下三个方面转变了我们的课程观：

1. 接受复杂性

生活本身是复杂的，幼儿内部的差异性、复杂性更是显而易见。幼儿园食育应接纳每个幼儿的体质、家庭喂养方式、饮食偏好等方面的不同。就幼儿的不良进餐行为为例，背后的原因是多样的：如知行不一，即幼儿具有一定的饮食认知，并不意味着他能够形成健康的饮食行为；如幼儿的个性特点，影响了他们在进餐过程中表现出来的专注性和独立性；如因家庭中长期的饮食习惯和饮食观念，潜移默化地对幼儿自身的饮食偏好产生了影响。因此，幼儿园在日常饮食过程中通过多种方式满足幼儿的不同需求，比如每天早点提供三种糕点供幼儿选择，满足幼儿口味的需求；增加玉米、土豆、红薯等粗粮早点，补充幼儿家庭饮食结构的缺失，满足幼儿生长发育的需求；开展每周一次小自助餐、每月一次大自助餐，创设温馨氛围，提供多样餐点，让幼儿享受美食的丰富性和幸福感。

2. 关注区域性

现代的课程观强调普遍性，也就是一种教学方式适合所有情境，而后现代课程观则强调地方性、情境性。在幼儿园，每个幼儿来自不同的家庭，受不同地域饮食文化的影响。饮食习惯是由地理因素、气候条件、生产力发展水平、个人的胃肠基因记忆、区域间群体的相关影响等多种因素决定的，所谓"七岁定肠胃"，就是认为幼儿阶段是培植幼儿饮食记忆和生活情意的最佳时期。

幼儿园食育应在充分尊重家庭饮食文化的前提下，多途径调研，为家园之间的有效合作创造条件。为此，我们在针对幼儿家庭的食谱制订者、一日三餐的主要掌勺人、饮食习惯趋向哪个地区、家庭饮食口味等问题进行调研的基础上，制订涵盖闽东、闽西、闽南、闽北不同地域特色的幼儿园食谱，满足幼儿不同饮食喜好和饮食习惯的需求。同时，开展亲子美食制作、食育讲座与沙龙等活动，多途径潜移默化地影响家庭饮食结构和文化。另外，为满足南北方不同饮食结构家庭的需求，增加了烙饼、卤面、水饺、花馍等面食餐点，并组织相关食育活动，让幼儿参与面食的制作过程，既满足了北方幼儿对面食的需求，同时也激发了南方幼儿对面食的兴趣，优化幼儿饮食结构，让食育活动更加丰富多样。

附：福幼一园幼儿家庭饮食情况调查问卷

3. 尊重不可言喻性

福幼一园幼儿家庭饮食情况调查问卷

尊敬的家长：为进一步了解孩子家庭饮食习惯和饮食行为的需求和问题，优化孩子的一日膳食安排，拓展家园食育的路径和策略，增进家园共育和协作，为促进孩子身心健康发展提供支持。该问卷无记名，请您根据孩子的实际情况如实填写，感谢您的支持与配合！

*1. 您孩子所在的班级

*2. 您孩子的性别
- ○ 男
- ○ 女

*3. 您家庭的食谱制订者是谁？
- ○ 父母
- ○ 祖辈
- ○ 家政人员

*4. 您家庭一日三餐的主要掌勺人是谁？
- ○ 父母
- ○ 祖辈
- ○ 家政人员

*5. 您家庭的饮食习惯趋向于哪个地区？
- ○ 闽东
- ○ 闽西
- ○ 闽北
- ○ 闽南
- ○ 闽中
- ○ 外省（具体写出）

*6. 您家庭的饮食口味是怎样的？

○ 偏清淡

○ 偏重口味

○ 偏油腻

○ 其它

*7. 您经常为孩子提供甜食（如高糖糕点、糖果、饮料、果脯等）吗？

○ 每天都吃

○ 适量提供

○ 偶尔品尝

○ 拒绝提供

*8. 您经常阅读和了解健康饮食的书籍和资讯吗？

○ 会

○ 偶尔

○ 不会

*9. 您在制订家庭食谱时会关注孩子的体质吗？

○ 会

○ 偶尔

○ 不会

*10. 您关注幼儿园孩子的食谱，适当调整家庭食谱吗？

○ 不关注幼儿园食谱

○ 关注幼儿园食谱，但不会调整

○ 关注幼儿园食谱，会适当调整

*11. 您孩子不爱吃的水果？

　　现实是物质的、有形的，它存在于特定的社会、文化、历史和个人情境之中，这些情境自身充满了美学性、不可言喻性。其中的不可言喻性就是指教育没有既定普适的规律，应该认可与尊重被教育者的生活和经验，具体问题具体分析。

　　偏食、挑食是幼儿园食育中的典型问题，我们对此保持研究的态度，分门别类地研究了有此现象的幼儿，探究其偏挑食问题背后的成因和解决路径。针对个别敏感体质、食欲不佳的幼儿，采用医教结合，通过中医推拿、加强锻炼、调整家庭食谱等方式进行个性化干预。有些幼儿的饮食行为受食物的自然性状影响较大，不接受外形或气味比较特殊的食物，如黑色的香菇，灰色的猪肝等，有的幼儿甚至会对厌恶的食物出现"泛化"，如讨厌吃香菇，只要粥、面条、饺子馅里出现了一丁点香菇，索性整份食物都不吃。我们查阅资料，发现此类心理因素多是因为在学前期儿童想象的发展中，容易将想象和现实相混淆，幼儿受到生活经验的影响，对某些食物产生恐惧的联想，如曾经见过活虾，看到煮好的带壳的虾总以为还是活着或会咬人，如果制作成虾仁、虾丸、虾饺，则愿意食用。这种情况下，可调整食物的烹饪方法，将其制作成幼儿喜爱的造型、新的口味等。此外，也可邀请家长助教进入班级开展"特色菜"活动，利用家长的烹饪特长改变食物烹饪的方式和口味，让幼儿亲眼见识食物的烹饪过程，激发尝试的愿望。

幼儿园还可让幼儿参与食材的种植、收获、处理、烹饪等全过程，如种植胡萝卜、做三明治、包春卷等，以此来正向丰富幼儿的生活经验，逐步增加幼儿对食材的熟悉感和亲近感，拉近与食物之间的距离，体验动手的快乐，消解对食物的心理抗拒。针对小班幼儿不愿意自主进餐的现象，其原因可能是家长长期包办过多，没有自己动手的机会，依赖性强，或幼儿小肌肉动作发育不完善，手眼协调能力差等。针对前者，我们开展游戏化的进餐方式，通过教师"售卖"食物、幼儿餐后"刷卡"等游戏情境，激发幼儿自己动手的内在动力；针对后者我们在区域活动、生活活动中通过串珠、包糖、系鞋带等操作活动，或让幼儿参与剥玉米、摘菜叶、剥蛋壳等备餐活动，整体提高幼儿精细动作的灵活性和手眼协调能力。

（四）环境的优化

1. 由侧重物质环境创设走向关注幼儿心理环境创设

以往的食育环境，教师注重创设卫生安全、美好温馨的物质环境，如设置食育工坊、展示食育主题墙、提供食材操作区等。伴随基于幼儿身心健康的家园食育研究，教师更多地考虑到不同年龄幼儿的心理特点，关注到幼儿的个体差异和实际需要，如接纳幼儿根据自己的食量、口味和速度进食而不急于求成，允许幼儿在改变不良饮食习惯中出现反复现象，尊重幼儿自主选择同伴和就餐位置的想法，支持幼儿用自己喜欢的方式装点进餐环境，鼓励幼儿开展餐前轻松愉快的闲谈畅聊等，为幼儿营造宽松、自主、愉悦的心理氛围，让幼儿感受到被接纳、尊重、关爱和肯定，浸润在良好的食育心理环境中。

2. 食育互动环境向园内公共区、家庭和社区延展

一是幼儿园食育环境由班级室内空间向年段大厅、楼梯转角、户外场地等公共活动区域延展，有益于不同班级、不同年段幼儿在入园离园、自由活动、散步等时段与食育环境进行充分互动。如设置在一楼幼儿每日必经之处的食育小园地，根据季节阶段性地展示不同的农作物、各类干货，以及富有地域特色的节气美食、食材与制作方法等，让幼儿在观察和互动中，了解各季节人们的饮食生活，理解春生、夏长、秋收、冬藏。在户外活动场地外围增设种植箱，让幼儿在活动间歇也可以自主地照料、观察与发现植物的生长变化等，建立起蔬果栽培与四季转换的关系，体验种植与收获的成就感。

二是食育环境进一步向家庭、社区延伸与拓展。引导家长将厨房、餐厅、阳台等作为家庭食育的场所，鼓励幼儿担任摘豆角、刨萝卜等厨房的小帮手，参与烘焙糕点、包饺子等亲子美食烹饪活动，在阳台开辟种植区尝试种植香葱、番茄等适宜生长的蔬菜。充分利用社区公共资源，带领幼儿到超市、农贸市场认识和购买食材，组织幼儿到农学院、郊野农场、生态果园等开展观察、采摘、制作等田野食育活动，让幼儿在大自然中感受金黄的麦穗、落地的花生、长"胡须"的玉米等，了解植物的生长过程和食材的来源，丰富幼儿的认知经验，提升幼儿的生活情趣。

3. 凸显幼儿食育环境创设的主体性

以儿童为本，将环境创设的主动权交给幼儿，充分尊重和信任幼儿的想

法与能力，让幼儿在自主需要的驱动下，产生明确的目标和主动行为。鼓励幼儿以主人翁的身份积极参与食育环境创设的整体规划、材料的收集与投放、环境的布置与展示等。从关注食育环境创设的外在效果，转变为关注环境应最大限度地为幼儿提供多感官互动和亲历实践的机会，从幼儿的发展内部审视环境创设的价值，让食育环境创设中遇到的各种问题成为幼儿深度学习和持续探究的良好契机，促进幼儿在食育环境创设中获得学习与发展。

第三章　幼儿园食育的实践智慧

在开展"基于幼儿身心健康的家园食育策略研究"过程中，园所不断优化、拓展和创新食育活动的实践经验。同时，围绕课题研究目标和研究内容，基于幼儿在餐点活动中的实际问题和发展需求，教师、营养师、保健医生、管理者等不同岗位保教人员组成研究共同体，深入开展10余个子课题研究，从日常食育活动、食育环境创设、家园食育协作等方面，梳理了一系列有针对性、可操作、可推广辐射的食育小策略，撷取部分编入本书。

"有温度"的日常食育活动

趣 味 进 餐

智慧缘起：

小班幼儿小肌肉动作发展欠协调、灵活，生活自理能力较弱。入园前家长问卷调查结果显示，大部分幼儿以家长喂饭为主，较少有自己动手吃饭的机会，尚不能独立进餐，在幼儿园进餐时也出现依赖性较强，不愿自己动手，坐等老师喂饭等现象。《3—6岁儿童学习与发展指南》中"手的动作灵活协调"目标对小班幼儿提出了"能熟练地用勺子吃饭"。为此，在幼儿进餐过程中，教师应根据幼儿思维的特点，从幼儿的兴趣爱好入手，采用生动具体、形式多样、充满童趣的方式，激发幼儿自主进餐的内驱力，让幼儿乐于接受，逐步形成自己进餐的习惯。

策略说明：

针对个别缺乏食欲的幼儿，教师可根据其兴趣爱好，引导他们用番茄酱、果酱等，在食物上描绘出笑脸、爱心、蝴蝶结、小汽车等各种趣味造型，将食物进行花样摆盘。小小的改变，让幼儿对食物充满兴趣食欲大增。

为了进一步激发幼儿的进餐兴趣，教师将山楂片、肉松等幼儿喜欢的、健康的小零食藏在饭碗里，还为幼儿准备了色彩鲜艳、富有童趣的卡通汤匙，并将其命名为"魔法小勺"。教师告知幼儿碗底藏着小秘密，鼓励幼儿选择自己喜欢的"魔法小勺"进餐，去发现碗底的秘密。神秘感让幼儿满怀期待地用餐，并获得动手进餐的愉快情绪体验，逐步纠正了个别幼儿自己不动手吃饭，喂饭也不愿意张口的习惯。

变化食物的摆盘、选用造型独特的餐具，创设寻宝游戏情境，让幼儿不仅在进餐中拥有好心情，还培养了幼儿自己动手、自主进餐的良好习惯。

选用魔法勺进餐　　　　　　　　趣味造型

发现碗底的秘密　　　　　　　　　　光盘在行动

（游屏田）

大带小快乐陪餐

智慧缘起：

小班幼儿刚入园时不愿意主动进食，常常依赖教师的帮助，普遍存在挑食现象。为此，我们尝试以大带小陪餐的形式，不仅让大班幼儿体验当哥哥姐姐的自豪感，从为自己服务到学会服务他人，同时帮助小班幼儿在大班哥哥姐姐榜样影响下潜移默化地养成良好的进餐习惯。

策略说明：

午餐前的自由活动时间，大班哥哥姐姐带上自己心爱的玩具来到小班弟弟妹妹的班级，在教师的指引下按照各自的班级号数牵手配对，大带小一起游戏、分享玩具、共读绘本、在娃娃家模拟进餐等，逐渐建立亲密友爱的关系。自由活动结束午餐开始前，哥哥姐姐分批进入小班，化身"餐点介绍员"，用生动的语言向弟弟妹妹介绍今日餐点，激发起弟弟妹妹的进餐愿望。进餐时，哥哥姐姐陪伴在弟弟妹妹身旁，示范餐具的正确使用方法，讲解食物的丰富营养，鼓励他们自己动手，适当帮助挑食和进餐较慢的弟弟妹妹。进餐后，哥哥姐姐指导弟弟妹妹清理餐桌、分类摆放餐具，还担任"光盘评比员"，给进餐有进步的弟弟妹妹记录星星，用贴纸、自制的小玩具进行奖励。

温馨有爱的大带小陪餐，让小班幼儿逐步养成了良好的进餐习惯，感受到来自哥哥姐姐的陪伴和关爱，也让大班幼儿体验到帮助弟弟妹妹的快乐和成就感。

大带小一起游戏 　　　　　　　　娃娃家模拟进餐

指导进餐 　　　　　　　　　　　光盘评比员

（周思祺）

"1、2、3"的取餐约定

智慧缘起：

日常进餐都是由保育老师为幼儿分好定量的餐点，有的幼儿因餐盘里的食物量太多产生了心理压力，有的幼儿看到不喜欢的食物食欲不佳，出现吃饭不专心、餐点浪费等现象。一次餐后散步经过食堂，幼儿看到了教师取餐

的过程，羡慕地说："要是我们也能像老师一样打饭就好了。"引起了同伴的共鸣，也引发了教师的思考：如果调整取餐方式是否能让幼儿的午餐更加轻松、自主；如果让幼儿适量取餐，是否能纠正挑食偏食等不良习惯，避免浪费食物等现象。于是，教师引导幼儿到食堂参观，了解教师怎样"打饭"，之后幼儿经过自主讨论，决定在班级也进行尝试，并商定了"1、2、3"的取餐小约定。

策略说明：

幼儿共同商定的"1、2、3"取餐小约定：不喜欢的食物或在身体不适的情况下可选择打一勺，正常打两勺，非常喜欢的食物最多打三勺。这一约定既能保证营养均衡，避免偏挑食或暴食，还能提醒幼儿为还未"打饭"的同伴着想。基于食品卫生，教师引导幼儿用手势比划"1、2、3"。轻松、自主地取餐过程中，幼儿自觉排队，与同伴交流今天的"打饭计划"，之后有序地回到座位进餐，小声讨论着饭菜的口味。

取餐约定让幼儿的进餐速度有了明显提高，进餐过程更加自主愉悦，餐后食物浪费问题也得到了改善。下个阶段，教师将鼓励幼儿调整餐点配比，让餐食更适合自己的口味和身体需要。

选择取餐的份量

（陈筱倩）

餐前乐趣多

智慧缘起：

研究表明，愉悦的心情能促进胃液分泌，加速肠道蠕动，食欲也能随之增强。为此，教师在餐前采用点播自己喜欢的音乐、欣赏美食小视频、介绍餐后零食铺等小妙招，激发幼儿愉快的情绪，让幼儿对进餐充满期待。

策略说明：

超级点歌台　每天餐前时间，轮流请3~5名幼儿点播自己喜欢的音乐，在进餐时间播放。

餐前美食档　根据当日食谱，选择相关的美食视频在餐前播放。例如，午餐吃面条，就可选择关于面食制作、各地的面食小吃介绍等视频进行分享。

超级点歌台

美味零食铺　教师提前将健康的小零食或者能简单制作的健康小吃准备好，如促进消化的山楂片、酸枣糕、爽口的水果沙拉等，将这些小食用小杯子装好，一人一份，放在零食架上，在餐前向幼儿展示和介绍。

关注幼儿进餐情绪，采用操作性强的小妙招，有效增强了幼儿的食欲，激发了进餐困难或挑食幼儿的积极性和主动性，在一定程度上改善了幼儿的进餐问题，增加了幼儿的生活情趣。

餐前美食档 　　　　　　　美味零食铺

（肖杏影）

自选配菜真美味

智慧缘起：

在幼儿园的午餐食谱中，烹饪面条或咸粥等主食时往往会加入葱、胡萝卜、香菇等调味配菜，让食物的口味更加丰富多元、营养健康。然而教师发现，大部分幼儿在吃面条或咸粥时，常常将这些配菜挑出来，存在挑食和浪费食物的不良习惯。为此，教师改变一味鼓励和引导的传统方式，借鉴了自助餐自选餐点的方式，尝试让幼儿自主配餐。

策略说明：

每到幼儿园午餐吃面条或咸粥时，教师请食堂的厨师不添加配料烹饪面条或粥，将原本加入面条的香菇丁、葱花、胡萝卜丝、肉末等配菜单独炒制，并选用适宜的调味罐将配料进行分装并配上小勺。进餐活动前，教师首先向幼儿介绍配料的名称、口味及营养，激发幼儿品尝的愿望。之后，将装有不同配菜的调味罐放在餐桌中间，引导幼儿根据自己的口味和需求，自主选取加入不同种类和分量的配菜，调配成自己喜欢吃的面条或咸粥。

自选配菜、自主调味的进餐方式，充分尊重幼儿口味、喜好等饮食需求的个体差异，使幼儿进餐更具有自主性和选择性，循序渐进地接纳不喜欢的食物，有益于幼儿获得积极的进餐情感体验，养成良好的进餐行为习惯。

介绍配菜　　　　　　　　　　自选配料

（李立）

自助餐中的好习惯

智慧缘起：

自助餐是一种氛围宽松、自主自由的进餐方式，因其菜品种类丰富，可以满足不同幼儿的饮食偏好，深受幼儿的喜爱。但在自助餐过程中，由于幼儿对饮食营养均衡和文明进餐礼仪的认知，以及对适量饮食的自控能力较弱，常常出现知行不一的现象：如喜欢的某一类食物吃得过多，不喜欢的不予选择；餐盘中没有吃完的食物较多，造成浪费；取餐过程出现拥挤等。为此，教师试图通过自助餐，培养幼儿建立有序、等待、谦让、节约等意识，既满足幼儿按需取食的自主性，又让幼儿获得终身受益的好习惯。

策略说明：

教师与幼儿观看日常自助餐活动视频，交流发现自助餐过程中存在的问题，师幼共同制订"有序排队不拥挤""营养搭配不挑食""吃多少取多少"等自助餐文明礼仪公约，并绘制成提示牌展示在取餐台上。教师鼓励幼儿因地制宜地设计桌椅摆放方式（如将桌子拼成长条形、T形、回字形、四散错落形等），根据食物的颜色、形状进行自主花样摆盘，提供大小不同的餐夹、公勺供幼儿选择，再摆上自制的桌花，播放优美的轻音乐，将活动室变成了温馨舒适的自助餐厅。

自主创设自助餐厅

自助餐开始了，幼儿自取餐盘有序排队，根据食物的大小和软硬程度选择适宜的夹取工具，运用食物金字塔的营养知识，将主食与配菜、荤菜与素菜合理搭配，适量取食、吃完再取。幼儿和好朋友坐在一起，一边欣赏着优美的音乐，一边轻声交流着食物的味道，自主独立、轻松愉悦，个个都是光盘小能手。

幼儿在创设温馨进餐环境、商讨制订进餐规则、自主参与备餐活动、自由选择同伴就座、开心愉悦享受美食的过程中，自然而然地习得良好的进餐习惯和文明的进餐礼仪，提升了服务他人与集体的意识和能力。

商讨文明进餐公约　　　　　　　　有序排队文明取餐

（俞海玲）

粗粮早点益健康

智慧缘起：

以往幼儿园每日提供的早点，以面包或蛋糕为主，并有三种款式可供选择，幼儿每天都能根据喜好选择早点的品种，自主又满足。在与福建中医药大学博士交流后，食堂管理员认识到早点的甜食偏多，短时间内糖分摄入太多对幼儿的健康不利，应适当搭配粗粮，帮助幼儿健脾胃、增食欲。因此，幼儿园尝试在早点中加入粗粮供幼儿选择。

策略说明：

幼儿园在每周二的早点中加入蒸熟的小土豆，替换大部分的蛋糕或面包。尝试两周后，在早点中逐步提供了山药、红薯、玉米、紫薯等。教师结合早点提供的各种粗粮开展认识、制作和品尝等食育活动，让幼儿逐渐接受并喜欢不同种类的粗粮早点。

这次早点的改革丰富了幼儿对粗粮的认知，在自己动手剥皮、自选调味品蘸食、收拾整理过程中，体验到自我服务的乐趣，这也有助于幼儿增强食欲、平衡膳食，改善消化吸收和排泄功能。

健康粗粮我选择

剥一剥、尝一尝

（王欣）

合餐礼仪我知道

智慧缘起：

大班幼儿在每周的自助餐中对自主设置座位表现出明显的情感倾向，他们都喜欢拼大桌和好朋友一起进餐，但对合餐中的礼仪尚缺乏认知。为此，教师尝试创新进餐方式，迁移家庭合餐经验，将餐桌礼仪教育融入午餐过程中，通过围桌合餐的进餐方式，培养幼儿文明进餐习惯。

策略说明：

教师打破一人一份的传统分餐方式，进行合餐式围桌进餐。教师引导幼儿调查了解餐桌基本礼仪，协商分组讨论合餐准备和规则。各组幼儿轮流参与餐前准备，按照人数分配餐具，将小组的菜肴、米饭盛好摆放在餐桌中央。幼儿使用公筷、公勺夹菜、舀汤，围桌合餐。教师发现合餐中部分幼儿忘记用公筷、只挑自己爱吃的菜等问题，通过视频、照片引发幼儿反思，树立文明夹菜，不挑拣、不翻找，遇到爱吃的食物不争抢等意识。更换便于区分的公勺公筷、制作公约牌，提醒幼儿正确使用公勺公筷。针对幼儿在使用筷子时出现的"咬筷子""筷子插在饭中央"等现象，引导幼儿了解中国传统的筷子文化，讨论文明使用筷子，完善班级进餐公约。

为小组打菜要适量

文明合餐

大班幼儿在合餐中，能根据实际需要自主取餐、分餐，做好餐前准备，并在不断发现与解决问题过程中，养成了文明使用公勺公筷、自觉餐后收拾等良好习惯，同时对传统进餐礼仪产生了认同感，拓展和丰富了幼儿饮食文化课程。

（范诚琳）

美食传承人进班级

智慧缘起：

肉燕是福州的一道传统小吃，有着悠久的历史，也深受幼儿的喜爱。食其味、知其源，为拓宽幼儿传承饮食文化的认知，邀请传承人走进班级，让幼儿见证百年老字号千锤百炼的功底，感受家乡传统饮食文化的独特魅力，增强对传统饮食文化的认同感。

策略说明：

"肉燕"名称的由来是什么？它是怎么制作的？带着好奇与疑问，师幼共同邀请"同利肉燕"第四代传承人陈君凡老师走进班级。通过观看纪录片《百年老店》，初步了解肉燕"肉包肉"的秘密。结合幼儿提出的问题，请陈君凡老师通过现场展示和演示，让幼儿懂得肉燕美味的缘由。引导幼儿现场观摩两位获得全国金奖的师傅捶打肉泥的过程，并动手进行了体验。陈老师现场示范包肉燕的方法，并鼓励和指导幼儿学习包肉燕，理解肉燕因外形像燕子

传承人介绍同利肉燕　　　　捶打后腿肉制作肉燕

的尾巴而得名。之后，大家一起分享亲手包的肉燕，品尝家乡传统的美食。

活动中，幼儿通过直接感知、实际操作、亲身体验，加深了对福州传统饮食文化的兴趣和情感认同，初步掌握了简单的传统饮食制作技能与方法，体验到家乡的饮食之美、生活之妙。

好大的一张燕皮 　　　　　　　　自己动手包肉燕

（吴莉莉）

生日花馍

智慧缘起：

中国的面食历史悠久且种类繁多，其制法精巧、风味多元，在中国人的饮食结构中占有重要地位。花馍是极有代表性的面点之一，造型各异的花馍蕴含着美好的寓意。在大班食育活动中，教师与幼儿共同创设了面点区，让幼儿充分感知面粉与水的配比，在揉面、自制色素以及造型的过程中，欣赏、制作和享用花馍，了解传统面食文化，获得情感认同。幼儿在生日墙上惊喜地发现保育员杨老师的生日马上就要到了，于是提出要亲手制作一个生日花馍，为她庆祝生日。

策略说明：

在教师的支持下，幼儿分组讨论，并制订计划，把需要的食材用图画展示。幼儿查阅资料、观察杨老师日常喜好，设计了花馍图案，为了让花馍更好看，幼儿反复尝试并挑选出更适合用于面粉着色的蔬果。终于等来了杨老师的生日，幼儿将色彩鲜艳的蔬果榨出汁，和出五颜六色的面团，并依照图纸，借助模具制作出一圈爱心装饰在花馍边缘，选择寓意吉祥的枣花、寿桃安放在生日花馍上。当发现照图纸制作出来的生日花馍太大、太高，蒸锅放不下时，教师引导幼儿采用拆装蒸熟再组装的办法解决问题。生日歌响起时，幼儿将精心制作的生日花馍送给杨老师，并送上真挚的生日祝福，感恩杨老师三年来对大家的付出，让杨老师度过了一个难忘的生日。

在为杨老师制作生日花馍表达爱的过程中，幼儿了解了不同花馍造型的寓意，迁移经验动手制作了创意花馍，由此感受到传统饮食的造型美，也获得了味蕾和情感上的满足。

设计花馍 　　　　　　　　　尝试制作

花馍成功了 　　　　　　　　为杨老师过生日

（范诚琳）

班级特色菜

智慧缘起：

在日常进餐过程中，教师发现部分幼儿对海蛎、猪肝、蛋制品等不感兴趣，不愿意品尝。为改善幼儿的挑食问题，教师邀请班级里来自不同地域、有烹饪经验的家长担任食育助教走进班级，为幼儿现场烹饪相关食材的菜肴，通过改变烹饪的方式和口味，激发幼儿进食的热情。

策略说明：

活动前，师幼共同商定班级特色菜，以幼儿自制书信的形式，请食堂准备相关的食材，接着在班级微信群发出倡议，邀请家长自愿报名担任助教，每次活动有一至两个名额。活动当天，家长助教引导幼儿参与食材准备，如打蛋、切火腿、摘豆角等。午餐时，家长助教根据不同食材、幼儿饮食特点以及自身烹饪专长，制作出一至两道美味可口的班级特色菜，如海蛎煎蛋、鸡蛋三明治等，为午餐增添别样的味道。在种植园蔬菜收获时节，邀请食堂厨师到班级现场烹饪，幼儿协助择菜、洗菜、切菜等，近距离观察蔬菜从生到熟的变化。现场烹饪的形式，丰富了幼儿对不同食物的感性体验，有了家长助教的参与，幼儿进一步感受到了食物的丰富和多样，享受到品尝班级特色菜带来的愉悦，同时对不同地域饮食文化有了一定的了解。

美味的寿司　　　　　　　　香喷喷的蛋卷

鲜美的肉燕 　　　　　　　　　好吃的荷包蛋

（郑景云）

快乐小帮厨

智慧缘起：

为了丰富幼儿动手加工各种食材的经验，帮助食堂厨师为午餐做准备，师幼共同创设了"生活服务坊"，开展小帮厨活动。教师引导幼儿根据每周食谱，参与食堂午餐食材的准备，如摘菜、切葱、刨胡萝卜丝等，使幼儿从中积累相关生活服务经验，并培养服务能力，体验为集体服务的快乐。

策略说明：

每天晨间活动时间，大班幼儿轮流到生活服务坊当小帮厨。幼儿先到食堂领取加工的食材，与厨师交流互动，询问、记录今天的午餐食谱以及各种食材的加工要求。之后回到生活坊中，教师引导幼儿选取餐刀、剪刀、捣盅等适宜的工具进行加工，如有的剪葱、有的切香菇、有的捣花生……加工结束后，幼儿自主清洁桌面、清洗整理操作工具，最后将加工好的食材送到厨师手中，等待享用自己亲自参与准备的午餐。

在快乐小帮厨活动中，幼儿通过劳动体验，更加珍惜食物。自己动手参与的满足感和成就感，促使他们更愿意尝试一些之前不常吃或不喜欢吃的食物，挑食、偏食现象得到了明显改善，也进一步体验到为同伴、集体服务的乐趣。

剥蛋壳

我们是快乐的小帮厨

剪菜叶

（王欣）

美食DIY

智慧缘起：

幼儿正处于生长发育旺盛时期，主动进食、摄取均衡营养是保证其生长发育的基础。为培养幼儿自主进餐的良好习惯，教师基于幼儿的操作经验，鼓励幼儿自己动手参与制作主食，如春卷、三明治、荷叶包、寿司卷等，激发幼儿愉悦的进餐情绪，满足幼儿身心健康需要。

策略说明：

美食DIY活动前，幼儿园营养师提前向教师预告本周DIY内容、制作要领、注意事项等。活动当天，各班教师根据本班幼儿的操作能力和已有经验，引导幼儿了解DIY主食的名称、食材、制作方法等，并引导幼儿一起做餐前准备，如切午餐肉、调味酱料、折春卷皮等。午餐时，幼儿根据自己的饮食喜好，自选所需的食材种类、分量等，制作成自己喜欢的五彩春卷、美味三明治等。此外，根据不同季节、节气特点，美食DIY活动在食谱安排和食材提供方面进行相应调整，如不同季节春卷的馅料食材也有所不同。

幼儿在享用DIY美食午餐过程中获得的愉快体验，不仅有助于营养吸收，同时在准备和制作过程中丰富了对食材的认知，提升了动手操作和自我服务的能力。

自制三明治 　　　　　　　　　包春卷

（郑景云）

有爱的食育环境创设

食材小天地

智慧缘起：

在日常饮食中，小班幼儿因较少接触食材，对食材欠缺了解，常出现被动接受或拒绝尝试的情况。教师基于小班幼儿对周围事物充满好奇，喜欢这边看看、那边摸摸的特点，因地制宜地利用大厅、长廊、活动室等环境，与幼儿共同创设食育互动区，营造宽松、愉快的氛围，让幼儿充分运用多种感官感知各种食材。

策略说明：

教师结合季节、节气、节日及幼儿园食谱，与幼儿在大厅共同创设食育互动环境，阶段性地引入不同食材，帮助幼儿体验沉浸式互动。如春季共同收集春笋、莴苣等食材，秋季收集南瓜、芋头等食材，在自主活动时间幼儿很自然地近距离与食材互动：看看春笋长啥样、摇晃玉米粒听听声音、闻一闻莴笋是什么味道、抱一抱哪个冬瓜最重……

创设食育互动区

在丰富、多元、开放的环境中，幼儿的好奇心和对食物的兴趣不断被激发。幼儿在看一看、摸一摸、闻一闻、掂一掂等多感官体验中，在每天参与整理清洗、观察操作、交流表达过程中，丰富了对食材的认知经验，进而产生愉悦的情感体验，更乐意接纳各种食物。

多感官多角度探索

（俞海玲）

早点屋的约定

智慧缘起：

随着大班幼儿自理能力的提高与认知的发展，他们的主动性、计划性、创造性也在不断增强。在教师大胆放手与鼓励下，大班幼儿开始积极主动地投入"自主早点"环节的整个筹备与开展过程。他们在"自主早点"环节做了许多的探索和尝试，在真正实施的过程中，幼儿发现原有设定的进餐规则在实际执行时会出现诸多问题。因此，教师以调整设定"自主早点"规则为契机，为幼儿提供自主解决问题的机会，引导他们在感知体验中不断反思规则制订的效果与产生问题的原因，学习调整和完善规则，从而增强幼儿遵守规则的意识，进一步促进幼儿自主性的发展。

策略说明：

规则由点心组成员根据自身经验讨论后设定，并向全班幼儿进行介绍。他们最初商讨的点心屋规则是：体育活动后自主选择区域或点心—洗手—取杯子—倒饮品—拿糕点—入座。随着活动的推进，"有空位就能坐下吃点心"这个规则的问题逐渐显现出来：在外区域活动的人并不知道点心屋是否有空位，因此想吃点心的幼儿探头探脑、走进走出，使得催促声、议论声和正在等待的幼儿玩笑声不断。此时，教师不过早介入，而是让幼儿多感受、多体验、多观察。当这种混乱局面持续一两天，待幼儿充分体验到这个过程给他们带来了不便后，教师再引导幼儿交流互动，思考产生混乱的原因，引导幼儿调整改进原有的规则，并商定新规则："怎样才能让外面的人知道里面是有空位的？"幼儿想出许多办法，如请保育老师帮忙开关隔帘、做个电动遥控的按钮、设置"红绿灯"牌等。经过反复的实践检验，大家投票选出最合适的方法——设置"爱心入区牌"，并制作出更加温馨、美观且便于操作的钩挂式"爱心入区牌"。

早点规则的制订与完善，不是一蹴而就的，而是要在规则实施过程中，不断引导幼儿发现问题、解决问题，真正将规则制定的主导权交给幼儿，支持他们在体验的过程中一步步制订和完善早点屋的规则，充分体会到规则带来的便利，从而为今后自己商讨制订规则并自觉遵守积累经验。

爱心入区牌

（杨凌燕）

主题小包厢

智慧缘起：

在每天的午餐中，总有些幼儿进餐量偏少或者存在挑食、偏食的情况。一次偶然的机会，教师听到平时经常挑食的幼儿与同伴聊起和爸爸、妈妈在一个很特别的餐厅里吃饭的情形，并对平时一直拒绝入口的猪肝赞不绝口，兴致勃勃地描述餐厅富有童趣的环境。在与家长交流中了解到幼儿外出就餐时，对自助餐厅以及环境特别的主题餐厅尤为喜爱，更愿意尝试平时不爱吃的食物。为此，教师与幼儿现场考察、共同讨论，决定将班级娃娃家改造成餐厅小包厢，并一起收集采购喜欢的餐具桌布等，商量制订"小包厢"的进餐规则，学习各类食物的摆盘造型方法，试图通过进餐环境和进餐方式的变化，培养幼儿主动进餐、适量用餐以及不挑食、偏食的良好饮食习惯。

策略说明：

每天由幼儿共同评选出五名，进步大、习惯好的幼儿进入"小包厢"进餐。教师引导幼儿提前进入"小包厢"进行餐前准备：有的幼儿选择适宜的桌布、餐垫和摆花，有的幼儿将玫瑰花造型的灯串挂在屏风上呈爱心状，有的幼儿模仿餐厅层叠摆放餐具，还有的幼儿将当天的餐食进行创意摆盘。教师还在"小包厢"提供了iPad，鼓励幼儿自主点歌，选择喜欢的背景音乐。

装饰包厢　　　　　　　　　　一起布置餐桌

进餐过程中，幼儿可与同伴小声聊着开心的事情，评价菜品的造型和口感等，在轻松温馨的氛围不知不觉地吃完餐食。教师还不定期地根据幼儿的兴趣，收集材料并共同创设了KITTY猫、皮卡丘、托马斯汽车等主题餐厅，不断丰富幼儿进餐的愉悦体验。

幼儿在自己创设、富有情趣的"小包厢"里准备食物、享受用餐、清洁整理，有效解决了挑食、偏食及进餐量少的问题，幼儿进餐更加自主，体验到快乐美好的生活情意。

（陈筱倩）

文明公约小桌牌

智慧缘起：

伴随"我爱我的家乡"主题活动的推进，幼儿萌发了自己制作家乡小吃的愿望。他们在制作与分享美食的过程中出现了较多问题：制作美食的操作台常常很杂乱；幼儿总是不自觉地去摸摆放好的食物；取放食物时经常挤在一起……如何保持操作台与食物的整洁卫生？如何更有序地取放与分享美食？这些源于幼儿活动中的"真问题"，正是培养幼儿生活自理能力、建立规则意识与养成良好饮食习惯的契机。教师及时捕捉幼儿遇到的问题，认真倾听幼儿的想法，引导幼儿找到产生问题的原因，启发幼儿迁移已有经验，围绕"如何设计制作'文明公约小桌牌'提示美食制作与分享中的注意事项"这一话题与幼儿共同商讨，不断解决问题。

策略说明：

教师利用视频或照片与幼儿交流回顾制作与分享美食过程中所遇到的问题，在师幼的互动商讨中，幼儿进一步了解了清洁卫生、取放食物、文明进餐等要求，逐步梳理了"制作食物讲卫生""摆好食物不乱摸""选用餐具来取食""一起分享不挑食""自己清理要整洁"这五项需要用提示牌呈现的内容与具体规则。幼儿还迁移了以往制作阅读区规则提示牌的经验,选取纸板、小立架等材料,用图文并茂的方式制作出了"文明公约"小桌牌。

自制的小桌牌受到了幼儿的喜爱,在制作与分享美食的过程中发挥了潜在的提示作用。幼儿在每次制作与分享食物前后,都会不由自主地去看提示牌,了解怎样做更合适。环境以润物细无声的方式增强了幼儿文明制作美食和进餐的意识,逐步养成了良好的饮食卫生习惯。

文明公约小桌牌

(郑蕊)

"光盘"请亮灯

智慧缘起：

午餐时常听到幼儿说："老师我不喜欢吃青菜，可以把它倒掉吗？""老师，我不想吃了"。这一现象引发了教师的思考：如何解决幼儿挑食偏食的问题，培养幼儿爱惜粮食不浪费的良好习惯。在调查互动中，幼儿了解到食物的来之不易和其营养价值，决定要争做"光盘"小达人，并一起讨论实施"光盘"小达人的好办法。

策略说明：

幼儿提出在墙上贴上小朋友们的照片，"光盘"的小朋友可以获得不同的奖励。有的幼儿说贴小星星，有的幼儿说可以集赞，还有的幼儿说可以自己设计灯泡亮灯。幼儿经过投票选出亮灯方案，在教师的支持下，幼儿设计了"光盘请亮灯"活动操作墙。每位幼儿设计了自己的专属小灯泡，每天午餐如果"光盘"，就可以为自己亮一盏灯，一周亮满5盏灯即可成为"光盘小达人"，同时还可以参加抽奖，收到一份神秘小礼物，或满足一次心愿。教师还将"光盘"行动从幼儿园延伸到家庭生活，幼儿在家或是在外用餐，每一次"光盘"都可请家长拍摄分享至班级群，幼儿互相激励，享受"光盘"的自豪感和成就感。

设计灯泡　　　　　　　　光盘亮灯

通过"光盘请亮灯"活动，幼儿用餐习惯有了明显改善，午餐时大多能将米饭"光盘"，菜肴剩余时也会努力尝试吃完，逐渐养成了良好的进餐习惯。家长反馈幼儿常督促家人适量备餐、不浪费，把爱惜粮食及"光盘"习惯延伸到了家庭。

（李冰）

食育小园地

智慧缘起：

中国人一直有依据二十四节气，调整日常生活和饮食，从而达到事半功倍的养生效果的传统。结合二十四节气创设相应的食育环境，能让幼儿充分感知丰富的食材，了解不同时令的养生食物和对应的传统小吃等，有益于其建立对食物与健康、饮食与文化的正确认知，更乐意接纳和珍爱食物。为此，教师在幼儿必经的教学楼一楼楼梯口，与幼儿共同创设食育小园地，让这个区域成为幼儿与食物近距离互动的窗口。

策略说明：

教师引导幼儿在初步了解二十四节气内容的基础上，选取各节气特有的物象绘制节气图，如燕子归来（立春）、虫鸣鸟叫（惊蛰）、蜻蜓飞舞（立夏）、麦粒饱满（小满）、稻谷收成（芒种）等，并利用"指针"式的标识，动态指向当下的节气与相应的日期。在每个节气到来时，教师与幼儿共同了解并讨论顺应当下节气变化的饮食，如立春的春卷，小满的苦菜，立秋的百合羹，立冬的饺子等。另外，一起收集相关的食材实物，通过艺术表现方式手工制作食物模型，拍摄或图文绘制食物从原材料到成品的制作流程，高低错落展示在食育小园地。如清明节气到来时，教师与幼儿共同讨论制作清明粿所用的食材，收集展示大米磨成的粉、艾叶、竹叶以及红豆、红枣、芝麻、花生等各种馅料食材，用照片或图片呈现清明粿的制作过程，并展示幼儿用超轻彩泥制作的清明粿、艾叶饼等。清晨入园时、午餐后散步时、户外运动后回班时，幼儿常会驻足小园地，闻一闻艾叶的清香，数一数馅料的种类，说一说清明粿的制作方法等。

师幼共同创设的食育小园地，让幼儿形象地感知了二十四节气独特的天文物候特点，在轻松愉悦的氛围中不仅了解了食物从原料到餐桌的过程，同时也习得了顺应节气健康生活的食育理念，感受到传统文化的魅力。

不同节气的食育小园地

与端午食材互动

（马嘉曦）

有智慧的家园食育协作

面包变变变

智慧缘起：

小班幼儿处于具体形象思维发展阶段，形象生动，充满趣味性的游戏互动能激发幼儿的兴趣。基于问卷调查、个别访谈及日常观察，教师发现部分小班幼儿进食速度较慢、容易被周围事物干扰等问题。教师采用游戏化的互动方式，尝试纠正幼儿不良的进餐习惯，让幼儿从不愿意吃到喜欢吃。

策略说明：

针对吃早点速度慢的幼儿，教师敏锐捕捉其兴趣点，设计"面包变变变"的游戏情境，鼓励幼儿成为魔法师让面包大变身。教师鼓励幼儿咬一口面包然后观察面包的形状，发挥想象。"咬了一口变小船！""再咬一口变手枪！""再咬一口变月亮！"……普通的一块面包摇身一变充满了神奇的魔法。就在这一口接一口，边吃边看边想象的过程中，幼儿很快就将手中的面包吃完了，大大激发了幼儿自主进食的兴趣，加快了进餐的速度。教师将游戏互动的方法与家长分享，鼓励家长进行尝试，逐步提高家长指导幼儿进餐

理念与策略

的水平。

轻松、愉悦的"面包变变变"游戏情境，让幼儿在进食时从漫不经心到饶有兴致地边吃边看边想，不仅让幼儿进餐变得更加有趣，而且帮助幼儿养成了良好的进餐习惯。

鼓励幼儿边吃边想象面包变身

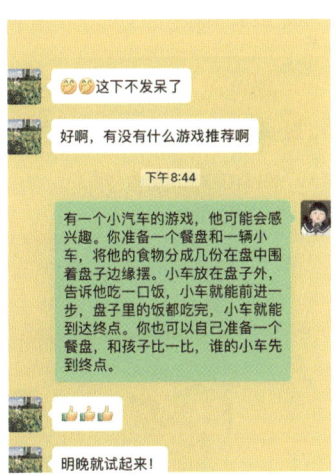

向家长推荐进餐小游戏

（徐文靓）

47

学做小当家

智慧缘起：

周末邀请好朋友到家里做客，小主人要准备用什么好吃的来招待呢？结合平时在园积累的食物搭配经验，在教师和家长支持和鼓励下，几名幼儿成立"当家"小队，通过制订食谱，采购、制作食物等进行"五色菜"的搭配，为朋友和家人准备丰盛且有营养的美食。

策略说明：

教师引导家长鼓励幼儿一起讨论"当家"计划：首先，一起制订五色食谱，如西红柿炒蛋、冬瓜淡菜汤等，并将制订的菜谱画下来，检验它们是否做到五色搭配。其次，绘制备餐流程图明确采购食材任务，在家长的陪伴下，幼儿根据自己制订的菜谱分头在超市里寻找相应的食材，并将自己找到的食材进行挑选和称重，然后学着自己买单，看看花了多少钱。再次，带着购买好的食材回到家里，清洗食材，并对食材进行处理，如打蛋、黄瓜削皮、切西红柿等，然后在家长的协助下进行烹饪。最后，摆放餐具邀请家长一起品尝美食。

幼儿和好朋友一起在制作和品尝美食的过程中学会了协作与待客，渗透了良好饮食习惯和健康饮食理念。在教师引导下，家长懂得了尊重和支持幼儿

家长和孩子一起讨论计划

的需求。在"当家"小队活动中，幼儿获得了学习和发展，如制订食谱学习营养配餐，增强计划性；在采购食材中感知数量、重量、分类、价格等；在外出购物和使用厨房工具中，增强动手能力，提高安全意识，丰富生活经验。

一起去超市采购食材　　自己动手烹饪、品尝美食

（陈文清）

美食直播间

智慧缘起：

近年来，家长越来越关注幼儿及家庭的饮食健康与安全。"吃什么、怎么吃"成为家长间持续讨论的食育话题之一。然而，多数家庭在平日准备一日三餐时，大多都提供幼儿爱吃的食物，幼儿不爱吃的食物很少出现在饭桌上。有些家庭的烹调方式重油重盐，有些家长自身缺乏一定的烹饪经验，家里的饮食类型过于单一等。为了让家长树立正确的饮食观念，丰富家庭的饮食生活，我们充分挖掘家长资源，通过家长在"美食直播间"现场烹饪美食，进行线上互动的方式，鼓励家长交流分享彼此的食育理念及烹饪经验，共享优质食育资源。

策略说明：

教师通过调查问卷了解班级成员的家乡、喜好，鼓励擅长烹饪的家长自主报名，每周轮流在班级微信群开展"美食直播间"亲子烹饪活动。直播前，教师在班级群发布活动预告及直播链接，鼓励感兴趣的家长及幼儿及时观看，参与线上互动。美食直播间每次由一个家庭负责，家长和幼儿可根据自己家乡的特色菜共同商讨食谱，从食材的清洗加工、下锅烹饪等一系列环节都完整地在线上进行直播展现。家长在微信群相互传递食育理念，交流培养幼儿健康饮食的有益经验，在直播过程中幼儿可现场提问，第一时间进行交流互动。

美食直播间活动让家长更加了解幼儿的饮食需求，家长和幼儿更加直观地感知不同地域的饮食文化。一些之前不太关注食物营养搭配，或不擅于烹饪的家长，在观看直播后激发了亲子制作美食的兴趣和大胆尝试的愿望。亲子美食直播间增进了家庭成员之间，以及不同家庭之间的交流互动和情感链接，进一步密切了家园协同共育。

直播制作雪花酥 　　　　　　　　　直播制作蛋挞

（杨慧媛）

共享快乐"食"光

智慧缘起：

为了让家长感受幼儿园食育教育的理念和策略，提高家长的食育能力，让家长的食育观和幼儿园保持一致，培养幼儿健康的饮食习惯，教师结合重阳节、妇女节等节日，充分利用家长食育资源，邀请家长入园体验幼儿园节日生活，鼓励幼儿参与制作美食，并和家人一起分享。

策略说明：

重阳节到了，教师邀请祖辈入园，和幼儿一起动手筹备饺子宴。活动前教师向祖辈介绍活动意义及指导策略，再由祖辈引导幼儿清洗食材、揉面团、做馅料、捏饺子、煮饺子等，祖辈将制作和烹饪饺子的生活经验传授给幼儿。在温馨和谐的氛围中，幼儿享受与祖辈一起包饺子的快乐，感受食物的来之不易，许多平时不爱吃饺子的幼儿也都津津有味地品尝起自己的劳动成果。

结合传统节庆活动，邀请家长走进幼儿园共同参与幼儿食育活动，不仅能够让家长了解幼儿日常生活的样态，帮助家长树立健康的饮食观念。在家长的带动下，幼儿全情投入美食制作，赋予了食物特别的情感，让饮食变得更加有温度。

一起准备食材

向奶奶学包饺子　　　　　　　　　美味饺子齐分享

（刘汐汐）

萝卜美食汇

智慧缘起：

在一次餐后散步时，幼儿路过幼儿园的雨水花园，菜地里满是绿油油的蔬菜，他们惊喜地发现菜地里冒出一截白萝卜，纷纷发出惊叹"好大的萝卜呀""这个萝卜怎么从泥土里钻出来了""萝卜吃起来脆脆的""白白的萝卜真可爱"，对萝卜产生了浓厚的兴趣。陶行知先生提出"生活即教育"，教育与生活是同步的，教育蕴含于生活之中。餐桌上的菜肴也是幼儿生活的一部分，萝卜是幼儿生活中常见的蔬菜，大部分幼儿都有品尝萝卜菜肴的经验。萝卜易于幼儿获取，便于幼儿观察和制作。于是，教师结合幼儿实际生活开展了"萝卜美食汇"活动。

策略说明：

"萝卜美食汇"活动由家园协作共同开展。活动前，幼儿和家长到超市、菜市场寻找萝卜，通过摸一摸、闻一闻、尝一尝等方式初步探索萝卜的特点，亲子商讨制作与萝卜相关的美食菜谱，将找到的萝卜和菜谱图示带到班级和同伴交流、分享，并尝试在活动区制作萝卜干。幼儿将萝卜切成条状或块状，一部分铺在竹匾上晾晒，待晒半干后进行腌制。另一部分切好的萝卜带回家，和家长一起腌制萝卜泡菜、烹饪萝卜菜肴等。之后，幼儿将亲子制作的各式萝卜菜肴带到班级，与老师、同伴品尝、分享。午餐时间的"萝卜美食汇"让每个幼儿都吃得津津有味。

通过家园共育让探索萝卜美食的活动回归于幼儿日常的在园生活和家庭生活。幼儿通过触摸、品尝、操作等方式调动各种感官，进一步感知萝卜的

小菜地里的萝卜

切一切

晒一晒

亲子制作萝卜美食

特性，在与家长一起采购食材、商讨菜谱、制作美食等温馨互动中体验参与劳动、收获成果的满足，在与老师、同伴一起品尝中感受分享美食的快乐。

（刘汐汐）

食育资源齐共享

智慧缘起：

幼儿期正是生长发育和饮食习惯养成的重要阶段，有助于幼儿健康成长的食育活动不仅仅限于幼儿园内，更需要家长的积极参与，只有家园协同共育，才能促进幼儿身心健康发展。不同背景的家庭有着丰富而多元的食育经验，家长很乐意交流分享，信息技术和网络媒介也为家长提供了资源共享的平台。为此，我们集结家长的智慧和资源，通过建立食育资源库，为家长开展家庭食育活动提供可资借鉴的丰富资源。

策略说明：

食疗食谱集锦

在开展班级食育活动过程中，教师充分挖掘家长的潜能，调动家长的积极性，指导家长基于幼儿身心健康需要，参与收集、推荐、筛选各类图文、视频等食育资源，共同建立食育资源库。食育资源库包含了周计划食谱、二十四节气的应季食谱、食疗食谱、食物主题资源包、亲子制作美食视频等五个方面的内容，每个资源包的素材以表格、文本、视频等不同方式呈现，再交由教师进行分类和梳理，之后通过网盘分享到班级群共享，一

理念与策略

个阶段后及时进行补充、优化。家长可根据自身需求，随时从资源库中选择自己感兴趣或想学习借鉴的食育内容，如节气食谱、特色菜肴、烹饪方法、亲子制作等。

食育资源库的建立，进一步丰富了家长的家庭饮食结构，促使家长更加注重营养搭配、均衡膳食，逐步树立了科学食育理念，养成了良好饮食习惯，形成了健康的生活方式。

美味食谱

	一、蛋类	二、菌类美食	三、面粉类	四、海鲜食品
1.	布丁（图文形式）	XO酱菌菇南瓜盅（图文形式）	包子（视频形式）	蛤蜊虾滑（视频形式）
2.	蛋卷（图文形式）	菌菇炖鸡汤（图文形式）	菠萝派（视频形式）	海鲜饼（视频形式）
3.	蛋挞（视频形式）	菌菇锅塌豆腐（图文形式）	发糕（视频形式）	海鲜粥（视频形式）

美味食谱集锦

每周食谱分享

55

菜肴制作方法

（杨慧媛）

营养师有话说

智慧缘起：

幼儿营养和健康是教师和家长共同关注的话题。3~6岁幼儿正处在生长发育的关键期，科学合理的营养不仅有利于身体的生长发育，而且也为其日后的身心健康打下良好的基础。在幼儿的成长过程中，不少家长常常面对孩子饮食健康出现的问题感到焦虑，为了帮助家长更好地了解幼儿的身心发展特点和营养需求，深层次理解幼儿食育理念，形成家园食育合力，幼儿园在微信公众平台开辟了"营养师有话说"栏目。

策略说明：

营养师拟定并发放"幼儿家庭饮食情况调查问卷"，内容涵盖家庭饮食行为、可借鉴的食谱及烹饪方式等，根据调查结果，营养师协同保健医生、食堂管理员、厨师，深入班级观察幼儿的进餐情况，结合班级教师的"午餐情况记录表"，逐步调整"幼儿园带量食谱"，并在"营养师有话说"专栏开设

理念与策略

了"知食小讲堂""一周食谱安排""餐桌特别推荐""厨师露一手"四个板块。

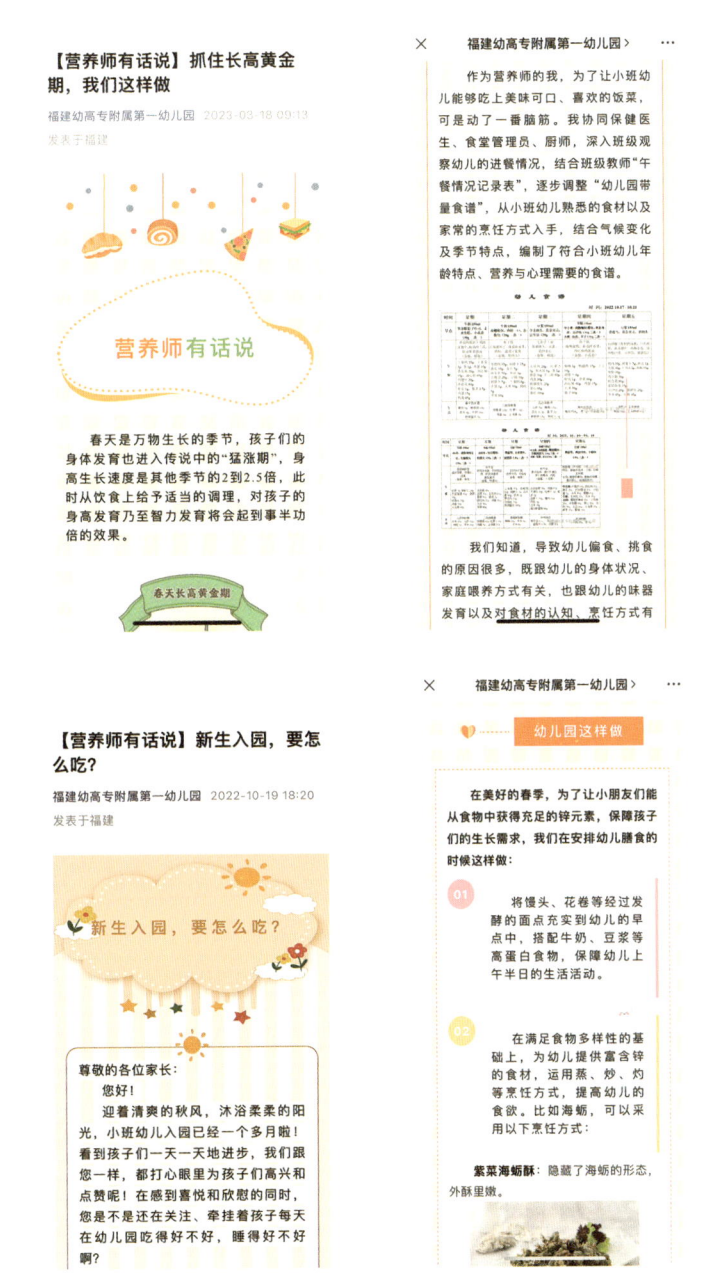

推送内容丰富的食育资讯

57

"知食小讲堂"版块重点向家长科普营养健康知识;"一周食谱安排"版块围绕每周幼儿食谱,向家长们提出家庭膳食小建议;"餐桌特别推荐"版块结合季节与时令,推荐适宜当季食用的家庭餐桌美食;"厨师露一手"版块呈现本园厨师烹饪幼儿喜爱菜肴的视频。营养师基于对幼儿在日常餐点中饮食情况和需求的观察与了解,结合科学食育理念,不定期以图文、视频等方式,在"营养师有话说"专栏发布如《抓住长高黄金期,我们这样做》《新生入园,要怎么吃?》等原创文章,向家长普及推广科学合理的膳食模式,提供适宜家庭操作的食育建议。

"营养师有话说"栏目,搭建了家园食育的桥梁,及时向家长推广辐射幼儿园食育理念和经验,帮助家长树立科学食育理念,转变不良的饮食行为。由此,家园携手进一步促进幼儿健康饮食习惯和文明饮食行为的养成,增进了家庭美好的生活情意。

(陈颖秀)

保健医生来支招

智慧缘起:

保健医生在评价小班幼儿的身体健康状况时,发现弘弘小朋友生长发育迟缓。结合测查结果及日常的跟班观察,发现弘弘出勤率低,食欲差,进餐慢,保健医生及时与弘弘妈妈交流,了解到弘弘每年上呼吸道感染七八次或肺炎一两次,经常盗汗。弘弘妈妈希望保健医生能给予建议和指导,家园配合增强弘弘的食欲,减少患病次数,提高出勤率,达到同龄儿童生长发育水平。

策略说明:

保健医生根据弘弘健康体检情况及弘弘妈妈的反馈,通过查阅弘弘以往就诊病历、日常跟班观察等,详细了解弘弘缺勤原因,以及饮食、运动、睡眠与过敏情况，为弘弘制订了个人健康管理记录表，每月统计在园出勤率，监测其身高与体重变化。保健医生按照不同季节，从调整饮食、加强运动、推拿助力等方面，为弘弘妈妈提出指导建议，保健医生还向弘弘妈妈推荐小儿食疗食谱，辅以小儿推拿方法及促进生长的运动，并阶段性记录弘弘出勤率、饮食睡眠改善情况、身高体重指标，了解策略的有效性。

饮食的合理搭配确保了营养素摄取充分，五色搭配增进了幼儿的食欲；运动促进了幼儿机体分泌多巴胺、内啡肽等掌管快乐情绪的激素，进一步提升了幼儿的食欲。通过一年时间的家园共育、医教结合，弘弘的出勤率有了明显的提高，饮食量增加，身高增长 8 cm，体重增长 2.7 kg，追赶上了同龄儿童生长发育水平。

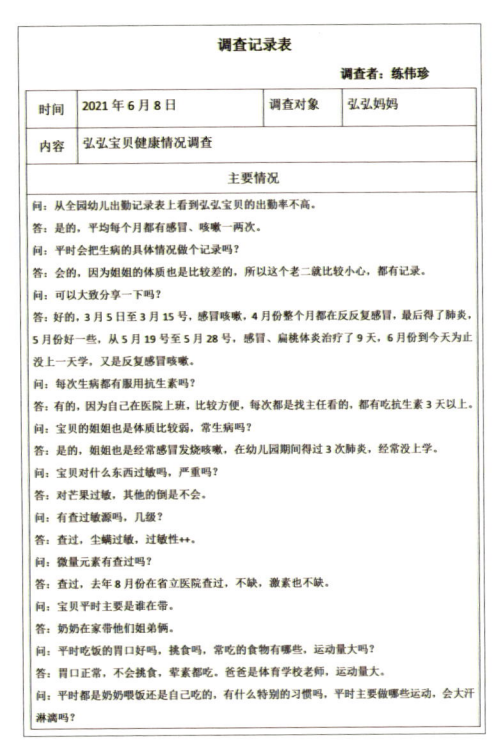

调查了解幼儿健康情况

>>> 和孩子们一起幸福地过日子："有温度"的幼儿园食育

推荐推拿方法

合理搭配增强食欲

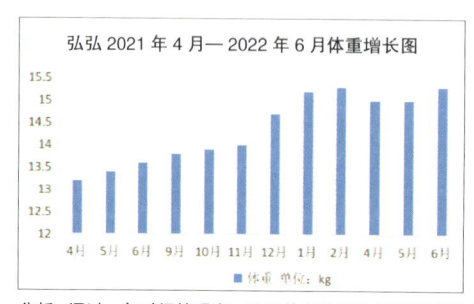

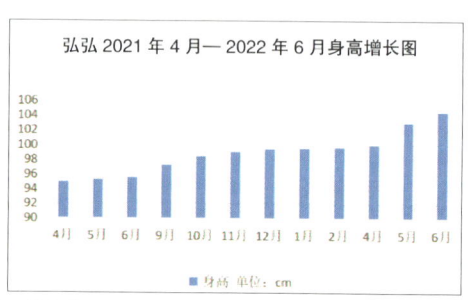

弘弘2021年4月—2022年6月体重增长图

弘弘2021年4月—2022年6月身高增长图

分析：通过一年时间的观察，弘弘的出勤率有了明显的提高，饮食量增加，身高增长8cm，（往年每年增长3-4cm，正常幼儿每年增长为5-7cm)体重增长2.7kg，说明策略有效，且效果显著。

阶段性成效明显

（练伟珍）

60

课程故事

慢慢喜欢你——胡萝卜

故事缘起：

在平时带班过程中，老师们经常听到孩子说："老师，我不爱吃这个……""这个"常常是指胡萝卜、青菜、西红柿、香菇、葱等。孩子挑食的原因有很多，可能是不喜欢某种食物的气味，也有可能是不喜欢某种食物的外形，或者是对食物缺乏认知等。对于小班幼儿而言，教师一味鼓励式讲道理，往往收效甚微。可以采用幼儿接受度高的游戏方式，通过角色扮演，引导其主动接纳与尝试自己不喜欢的食物。

故事一：我不爱吃胡萝卜

午饭时间到了，阿米一眼见到盘子里装着胡萝卜炒肉丁，便皱起眉头，她小心翼翼地将盘子里的胡萝卜一块一块地挑出来放在桌面上。我问："为什么都把胡萝卜挑出来呢？"阿米有些害羞地回答："我不爱吃萝卜。"妞妞看见说："阿米，你不爱吃萝卜吗？我很爱吃。"说着就在餐盘里翻找胡萝卜，然后放进嘴巴开心地吃起来。我问妞妞："胡萝卜什么味道？"妞妞说："甜甜的味道，多吃胡萝卜眼睛会很亮哦！"我看着阿米说："哦，原来胡萝卜的味道是甜的，而且吃胡萝卜还能保护我们的眼睛呢。"阿米低着头若有所思地扒拉着

把胡萝卜挑出来　　　　　　　　看着小伙伴吃得很香

碗里的米饭。

第二天点心的面条里正好有胡萝卜丝,我看到阿米把一根一根的萝卜丝挑出来悄悄粘在杯壁上,班上还有不少像阿米一样不爱吃胡萝卜的小朋友。

教师反思:

当孩子心里没有真正接纳某一种食物的时候,成人一味地鼓励,会对他们造成压力吗?不爱吃,却一定要吃吗?吃其他食物是否也可以替代和满足孩子生长发育需要的营养呢?如果一定要吃,要用什么样的方式方法才能激发孩子尝试的愿望呢?

把胡萝卜粘在杯壁上

当我们面对孩子挑食,经常使用的策略是通过讲道理来鼓励孩子吃,比如"胡萝卜吃了会长高""吃胡萝卜会保护我们的眼睛""不能挑食,挑食会营养不良容易生病""把胡萝卜吃了给你小奖励"等等。有的孩子在成人的鼓励下强迫自己去尝试,结果勉强塞进嘴里就开始想呕吐……这些做法都忽略了孩子当下的感受。对他们来说,这样的鼓励其实是压力。我们应当去接纳孩子的不喜欢,搞清楚不喜欢的原因,同时了解家长在面对孩子挑食的时候他们是怎么做的。

第一,如果不吃胡萝卜,其他食物是不是也可以满足营养需求?然而像胡萝卜这样的食物来源简便易得,不管在幼儿园还是家庭食谱中都会出现,如果孩子说我不吃螃蟹、不吃羊肉,那么吃其他食物也可以替代它的营养价值,因为这些食物并不经常出现在我们的餐桌。而胡萝卜、葱蒜等,是最常见的也是烹饪中最经常使用的食材,所以孩子需要去适应。第二,孩子从自然人到社会人的过渡,要学会自我约束,适应集体,如幼儿园统一的食谱,统一的进餐时间孩子要学会去适应。第三，站在孩子的角度去思考他们的需求，并不意味着无止境满足他们的个性化需求，我们应通过日常饮食生活，培养孩子健康的饮食习惯和文明的饮食行为。我们希望能让他们用乐意接受的方式学着尝试自己不爱吃的食物，萌发享受美食的幸福感。那什么样的方式才是孩子喜欢的、乐于接受和敢于尝试的呢？那一定是游戏。

故事二：兔妈妈送来胡萝卜

平时孩子们吃到的胡萝卜都是直接烹饪好的，如果改变一下胡萝卜的由来，孩子是否能提高对胡萝卜的兴趣呢？

于是教师把新鲜的未加工过的胡萝卜装进游戏中"兔妈妈"使用的小菜篮里："小朋友们，你们知道这些胡萝卜是从哪来的吗？"孩子们一脸期待地看着我："这是兔妈妈昨天在地里拔的新鲜胡萝卜，她想跟大家一起分享她最喜欢的食物，谁想要尝尝呢？"全班小朋友都高高举起小手："我要我要！"午餐时间，教师把兔妈妈送来的胡萝卜做成胡萝卜沙拉，限量供应给小朋友们餐后食用，没想到他们吃得意犹未尽，阿米小朋友也主动尝试了一片。

兔妈妈送来胡萝卜　　　　　　　　　胡萝卜沙拉

教师反思：

孩子接受并尝试不喜欢的食物，有时候真的只要改变一个方式。当我们从孩子的视角去看孩子喜欢什么，就很容易在情感上拉近与他们之间的距离。孩子喜欢伴随积极情感体验的游戏，通过"兔妈妈送萝卜"的游戏情境，能让孩子在愉快的情绪中主动去尝试接纳。而小兔的角色能激发孩子情感上的认同，因为喜欢小兔，进而愿意接受胡萝卜。同时将平时掺杂在食物里当配料的胡萝卜单独以沙拉的方式呈现，并加以摆盘，大大激发了孩子想要品尝的愿望，而限量供应的策略也让孩子在体验中意犹未尽。这远比我们苦口婆心告诉孩子这个食物多好吃，或者多么有营养来得更有效。

故事三：农场的胡萝卜真甜呀

孩子们说："兔妈妈的胡萝卜在菜地里拔的，我们也去菜地里拔萝卜吧""餐后的散步时间，我们去大班哥哥姐姐的小菜园里去找一找、看一看胡萝卜在地里是什么样的"。孩子们充满好奇在菜地里寻找，但是遗憾的是没有找到，原来哥哥姐姐这季没有种胡萝卜，孩子们有些失落……

那该怎么办呢？翔翔说："上次我跟妈妈一起去农场拔过，我知道哪里有胡萝卜。"这一个消息让孩子们兴奋起来，于是我们向翔翔的妈妈要来农场的电话，并请孩子自己拨打电话跟农场的叔叔表明我们的需求。

翔翔在农场拔萝卜

第二天我们真的收到了农场叔叔寄来的胡萝卜，孩子们在活动中看一看、摸一摸、闻一闻胡萝卜，说说自己的发现。妞妞说："老师，胡萝卜的叶子这么长啊，这是胡萝卜的根吗？像胡子一样细细的。"阿米摸摸胡萝卜跟妞妞说："它身上

课程故事

观察农场送来的胡萝卜

自己清洗胡萝卜

有很多土,还有一些皱纹。"妞妞说:"是呀,你闻一下,是什么味道?"阿米凑近胡萝卜:"我闻到了土的味道,还有一点甜甜的味道。"看着阿米开心的样子,教师能感受到此时的阿米已经渐渐对胡萝卜产生了兴趣。

餐前,我请孩子们一起帮忙清洗胡萝卜,然后再协助他们削皮切丝。午餐的时候我问:"谁想要添加一些新鲜的胡萝卜丝呢?"全班的小朋友都举手了,包括阿米。她高高举起手用期待的眼神看着,我第一个就夹在她盘子里,只见阿米拿起一根胡萝卜丝放进嘴里细细品味,开心地对妞妞说:"这个胡萝卜好甜啊,你快尝一口。"

阿米举手主动添加胡萝卜

教师反思:

孩子在日常生活中见到的基本是加工和处理过的胡萝卜,他们跟胡萝卜之间没

阿米主动尝试品尝胡萝卜

67

有情感链接,而游戏只是外在的形式,做偏挑食的教育里不可能永远靠外在形式。那就需要从"情"过渡到"知",先拉近与孩子之间的距离,再创造机会让孩子亲近自然。引导他们通过直接感知、亲身体验去认识胡萝卜,在这过程中,知行并进,增加孩子对天然食物的感官认识,让孩子有机会欣赏食物固有的、原本的形态。

孩子自己动手参与清洗胡萝卜,并带着参与劳动的自豪感品尝胡萝卜,在这个过程中逐渐与胡萝卜建立起亲密的情感链接。阿米主动跟同伴分享了品尝胡萝卜的感受,也正是这种积极的情感体验,带给孩子主动尝试的勇气。

故事四:和家人一起制作胡萝卜美食

农场叔叔寄来的胡萝卜有整整一箱,昨天的午餐只消耗了一点点,翔翔说:"剩下这么多胡萝卜不快点吃会烂掉,该怎么办呢?"这时琪琪举手说:"我喜欢胡萝卜,能送给我带回家吗?"她这一说,其他小朋友也都纷纷举手说:"我也想要,我也想要!"我好奇地问:"你们想把胡萝卜带回家做什么呢?"琪琪说:"我想做胡萝卜沙拉,我妈妈减肥,她最喜欢蔬菜沙拉。"阿米说:"我要做胡萝卜汁,请婆婆喝。"妞妞说:"奶奶包的饺子最好吃,我要做胡萝卜饺子。"孩子们你一句我一句,居然也说出了不少关于胡萝卜的美食。

榨胡萝卜汁　　　　　　　胡萝卜鸡蛋饼

我想既然孩子们如此积极踊跃，不如每人带一根胡萝卜回家，请孩子和爸爸、妈妈用胡萝卜做一道亲子美食。

晚上，孩子和爸爸、妈妈一起讨论用胡萝卜制作美食，每个孩子都积极参与其中，有的帮忙清洗、刨皮，有的帮忙切块、装盘。他们兴致勃勃地在班级群里跟大家分享各自的成果与收获。

尝试使用刀具切萝卜

教师反思：

在亲子制作胡萝卜美食的过程中，他们讨论用什么食材、需要哪些厨房工具和器皿、需要学习哪些新的生活技能。家长就像孩子的老师，耐心而细致地传递经验给孩子，大家分工、合作，共同制作爱意满满的胡萝卜美食，有创意十足的胡萝卜馅饼、胡萝卜寿司等。还有家长用胡萝卜雕花进行创意摆盘，丰富了孩子的审美感受，让普普通通的食材平添了几许生活的情趣。其乐融融的夜晚让食物散发出温暖而甜蜜的气味，这便是食育中情意兼达最好的诠释。同时，家长和孩子在班级的微信群里分享和交流各自的成果与收获，让家与家之间架起沟通的桥梁，增进了家庭间的情感交流。

故事五：我想吃自己种的胡萝卜

农场的胡萝卜都吃完了，可是孩子们对胡萝卜的热情依旧，提出自己来种胡萝卜，这样就可以经常吃到胡萝卜了，于是我们决定在家里和班级的自然角种植胡萝卜。

同时，我们也通过手账的方式指导家长和孩子一起种植，并留心观察和记录萝卜的生长过程。

之后的每一天，我们安排"爱心大使"轮流照顾和守护萝卜的生长。有

种植胡萝卜

观察胡萝卜生长

一天，阿米蹲在种植盆旁盯着土壤说："胡萝卜什么时候才长出来呀？我太想吃啦。"妞妞笑着说："我也是，我觉得它一定会很甜很甜。"阿米说："等胡萝卜长出来，我要带回家分给爷爷吃，因为他眼睛都花了，要多吃胡萝卜，眼睛才会更亮。"这时小锐走过来指着我说："肖老师和任老师都戴眼镜了，她们也要多吃胡萝卜呀。"阿米跑过来拉着我的手说："肖老师，等我们的胡萝卜拔出来，我请你吃哦。"我问："那你喜欢吃胡萝卜吗？"阿米哈哈笑着说："当然喜欢啊，我在自己家的阳台上也种了胡萝卜呢，到时候我还要做胡萝卜比萨，哈哈。"孩子们在自由活动时间，开始谈论起用自己种植的胡萝卜做什么好吃的，有的说要做胡萝卜馅饼，有的说要做胡萝卜面条，还有的说做胡萝卜披萨，看来我们可以准备来一场胡萝卜美食汇啦。

教师反思：

孩子从品尝农场的胡萝卜到提出自己种植，是从一系列的活动中与胡萝卜慢慢建立起的情感需求，他们对于自己种植的胡萝卜充满期待，期待它们快点长大，享受丰收的喜悦，期待品尝自己劳动所得，体验那份甜甜的收获。通过家庭种植指导手账，指导家长和孩子一起种植，创造高质量的亲子陪伴，实现家园共育，培养孩子不挑食的良好习惯。

孩子从拒绝品尝胡萝卜，到愿意尝试吃一片，是由于创设的游戏情境以及改变烹饪方式拉近了与孩子的距离，引发了他们对胡萝卜的兴趣，引导孩子观察认识农场的胡萝卜，激发了孩子主动添食胡萝卜的愿望，同时还分享品尝后的感受并推荐同伴品尝，在开展亲子制作胡萝卜美食的过程中，积极投入地制作，并与大家分享成果，最后鼓励孩子自己参与种植，他们充满期待想要品尝自己种植的胡萝卜，并乐意分享给家人和教师。从拒绝到喜欢，孩子最终可以带着喜悦与期待去接纳自己原本排斥的食物，这样的过程即使很慢，但也值得我们放慢脚步去等待。

教师感悟：

挑食是孩子普遍存在的现象，在引导孩子逐步养成不挑食的健康饮食习惯的教育中，我们应当遵循：满足需求、立足生活、成就幸福的食育理念，将生理满足、习惯养成和情意兼达有机融合。在生理满足方面，我们先要发现孩子不喜欢吃这一现象，接着通过观察、了解不喜欢的原因，站在孩子的角度去理解和帮助他们，个别食物可根据孩子的个体差异适当允许少吃或者不吃，还有一些食物可以通过改变烹饪与加工方式加以优化，如大块切小块，小块切丁等方式，循序渐进给予引导，满足孩子生理方面的需求。

从习惯养成方面来看，孩子挑食遇到自己不喜欢吃的食物我们该如何抉择，吃还是不吃？那么我们就应考量这个食物是否简便易得又常见，比如，像胡萝卜这样大众的食材，就需要学着去接纳它，让孩子逐步适应大众化的饮食需求。

从情意兼达上看，在这个案例中孩子从不吃到慢慢喜欢上胡萝卜，是因为他们在自己动手参与的过程中注入了情感，通过寻找、观察认识、清洗、制作和分享胡萝卜美食等活动中，逐渐给胡萝卜加分，进而喜欢上胡萝卜。就像我们品尝超市买来的饺子，不觉得它有多好吃，但如果是一家人围坐在一起动手包饺子，最后大家来分享品尝，那这个饺子的味道就变得不一样了，是带着温暖和幸福的味道。

在这个案例中，教师通过一系列的推进策略看到孩子在生理满足、习惯养成和生活情意三个方面的转变，我们也更加深刻地感受到关爱不是无止境满足孩子个性化的需求，而是在有温度的爱里引导孩子逐步去接纳和适应。

从种植到收获需要时间，让我们留出这样一段时间让孩子慢慢去接纳，一起静待花开，等待胡萝卜收获的那天和孩子们一起分享"萝卜美食汇"带来的喜悦！

（肖杏影）

我们的茶歇好"食"光

故事缘起：

每天餐前的自由活动时间是师幼闲聊漫谈的美好时光，在一次关于"什么是幸福"的讨论中，孩子们争先恐后地说着自己对幸福的理解："和爸爸一起吃汉堡""和好朋友一起去游乐场""吃到最想吃的美食"等等。孩子们眼中的幸福大多与吃和玩相关。幸福在孩子眼中就是这个生活样态吗？儿童幸福的本质又是什么呢？

著名哲学家康德认为，"教育是为人类更幸福、更丰盈的生活而出现的"。站在教育的场域，我不禁思考：应该传递给孩子们什么样的幸福观？如何帮助孩子获得感知幸福的能力？立足心理幸福感的层面，希望在教师的支持与引导下，幼儿在表现潜能和自我实现中收获幸福感并逐步建立起高层次的幸福观。走进"茶歇好时光"，一同感受孩子们在自主性、环境驾驭、个人成长、积极人际关系等方面的幸福实践吧。

故事一：小心愿实现

自由活动时间，一群孩子躺在幼儿园的草坪上聊天。"我们的幼儿园有大片的草地真像公园。""要是能在幼儿园的草地上野餐吃点心那该有多好！"孩子们你一言我一语地说着自己的想法。突然有个声音提出了疑问："这里是幼儿园，怎么可能在草地上吃东西？"

我对孩子们的提议产生了兴趣，也想继续听听他们的计划。同时也陷入了思考：幼儿园的物品和设施都是为孩子设置的，孩子是使用这些物品和设施的主人。如果能在孩子的心中建立起"我们是环境的主人，我们可以按照自己的想法来创造环境，我们可以像大人一样大胆尝试"这样的观念，将有助于孩子内在创造力量的生长。于是我也加入孩子们的讨论："你们刚才说想在草地上吃点心，这听起来很有趣，太特别了！你们想在什么时间吃？吃些什么呢？"孩子们受到了肯定，马上又沸腾起来了。

教师反思：

获得幸福的根源在于自我内在力量的推动，从兴趣出发，是儿童获得幸福体验的关键。看似在儿童心中不经意的愿望，却被教师捕捉到了其蕴藏的价值，通过巧妙引导，让愿望"活"起来了。教师根据儿童兴趣顺势而导，触发儿童的积极主动思考，从而为获得幸福感奠定最真实的情感基础。

故事二：创设用餐环境——帐篷变美记

孩子们开始规划着"草地点心计划"：有的说想铺上野餐垫，有的想把班级里的桌子搬到草地上当餐桌，还有的想要搭帐篷在里面吃……我充满惊喜，支持孩子们大胆尝试。

帐篷组的孩子在经历了组装简易帐篷后，萌生了自己设计、搭建新帐篷的想法。他们把从家里带来的窗帘布杂乱地放在草地上，可是不一会儿就没了干劲，不知道该如何搭帐篷。

于是我启发孩子们观察帐篷，发现支撑的秘密，孩子们在体育器械室翻找出既能支撑又有"洞"的材料。他们把布搭在玩具拱门和圆柱桶上，瞬间就变出了一顶顶"帐篷"。

帐篷计划　　　　　　　　　　器械组合帐篷

◎让帐篷变高

孩子们兴奋不已,在自己搭的形状各异的帐篷里欢乐地钻进钻出。我知道这是孩子们对自己搭建成功的满足与兴奋,我暗暗地把三角支架的秘密先藏在心里,不急于告诉孩子答案,思考着先从作品的功能入手引导。我走近孩子们的帐篷,说道:"你们真有创意,不过这样的帐篷可以满足你们在里面吃点心的想法吗?"孩子们迅速发现了帐篷太矮的问题,小妍坐在帐篷里摇摇头说道:"我的身体都没办法坐直,更别说在里面吃东西了。"

梯凳帐篷

这回孩子们的目标很明确:让帐篷变高。于是他们准备用梯凳与窗帘布进行组合。结果帐篷是变高了,但孩子们发现梯凳实在太重了不方便搬动,于是便否定了这个方案。

◎发现三角支撑的秘密

正当他们有些不知所措时,我引导孩子们打开一顶自己带来的帐篷进行观察,看一看形状、比一比长度、摸一摸材质。这下孩子们终于把帐篷"看透"了,发现了帐篷"三角支撑"的秘密。

三角支架帐篷

有了新的灵感,孩子们立马行动起来。小宁和小浩找到了三根相同的游戏棍和一根麻绳,他们尝试着把游戏棍绑在一起。小

75

宁把三根棍子用手拢在一块，小浩拿着绳子却怎么也够不着棍子的顶端，我继续观察着。小浩急忙跑进教室搬来了一把椅子，虽然够高了可是棍子却总是散架，小宁意识到可能需要一个人在底下扶住棍子，她喊来了小言。在三个人的默契配合下，三角支架的小帐篷终于成功搭好了。

结束后的集中分享环节，我耐心地听着孩子们的搭建解说，帮助孩子们梳理出搭帐篷的重要经验："没有搭过帐篷没关系，仔细观察分析帐篷的样子可以找出帐篷支撑的秘密。没有一样的材料也没关系，用身边的材料进行组合进行创造，遇到困难别着急，同伴合作很重要。"孩子们频频点头。

◎美美帐篷

好看又实用的帐篷

新帐篷搭好了，但他们并不满意。小韵说："搭帐篷花了我们好多的时间，我们想快点吃到点心。"我启发道："有什么办法能够帮助我们布置得又快又美呢？"孩子们发现，还是原来自己带的帐篷最方便，好看又实用。孩子们迅速调整了方案，第二天的布置环节，一顶顶美美的帐篷很快就出现在了草地上，这下孩子们终于可以顺利投入接下来的美食准备中。

教师反思：

孩子的主体性能否在活动中得到实现，是影响幼儿幸福感的重要因素。在浓厚兴趣的推动下，教师鼓励幼儿自主创设用餐环境，及时关注到了幼儿的困难点，逐步启发孩子建构起观察—尝试—反思—调整的问题解决模式。教师耐心观察，适时支持，不急于告诉幼儿答案，引导幼儿朝着自己最初的愿望推进。孩子们搭帐篷的全过程，从"带帐篷"到尝试"搭帐篷"充满着挑战与创新；从"器械组合帐篷"到"梯凳帐篷"有着基于目标的积极思考；从"三角支架帐篷"到最后的"美美帐篷"是回归现实的调整与突破。我想，在这个活动结束后幼儿的心中也许会形成这样一种观念：敢于回到原点。"回到原点"并不是白费工夫，而是围绕着目标通过一系列的尝试调整后，了解事物的规律，做出更合理的选择，不排斥回到最初的选项。帐篷还是原来的帐篷，但过程中幼儿进行了探索与发现，获得了宝贵的学习机会，有所收获。同时，教师在过程中同样也是学习者，共同探索解决问题的新模式。

故事三："幸福自助时光"开始啦！

幸福的生活，往往需要一些创造力。在幼儿园里，自助餐是一种能极大调动幼儿主观能动性、提升幼儿享受幸福能力的形式。

孩子们讨论后在纸上画出了一份"食物菜单"交给我，罗列了草地点心需要的食物，请我转交给食堂的叔叔、阿姨帮助准备。

有了前几次基于生活实际问题讨论的经验，幼儿的想法落地，画出了可行性的菜单：三明治、小汉堡、水果串、沙拉杯、橙汁、苹果汁……

丰富的餐点菜单　　　　　　　　　制作玉米沙拉

我想，就这么直接代劳吗？这是不是一个发挥孩子主观能动性的好契机呢？于是，我迅速思考回应孩子们："这是你们的自助餐，当然要由你们来准备，不过我们可以请食堂叔叔阿姨帮助准备食材，至于做呢……"还没等我说完，孩子们拿着菜单跑开了，不一会儿就画出一份食材清单交到我的手里。我知道，接下来就是孩子们分工合作制作美食的快乐体验啦。

在过程中我担任"食品监管员"，看到一盘盘点心暴露在草地上"风吹日晒"，就提醒孩子们关注食品卫生安全，启发孩子联系生活经验解决问题，于是他们去各个班级借来了平时早点用的透明餐盘保护罩；看着精致的食物被杂乱地摆放在餐盘里，我引导孩子们讨论摆盘造型，理解视觉元素在餐饮中的重要作用，通过欣赏图片、视频的方式，学习摆盘中色彩与造型搭配。幼儿记录下大家品尝后的各种建议："汉堡里的火腿肉太多了，要是蔬菜种类多些吃起来就更健康了""苹果汁太甜了些"等等，从只考虑个人饮食喜好到重视饮食健康，逐渐建立起健康饮食的良好意识。

精美摆盘　　　　　　　　　　　有序取餐

草坪上穿梭着孩子们忙碌筹备的身影，帐篷里传来舒缓美妙的音乐声，空气中弥漫着甜甜的味道……孩子们尽情享受着生活的美好，有序拿餐，欢乐交谈，细品慢咽。

教师反思：

在这样的环境和形势下

品尝美食

没有时间的紧迫感，幼儿享受着茶歇的轻松，感受自助餐点的独特文化，身心得以完全放松，更加关注到了食物的美好与生活的惬意。幸福源于自主性的充分发挥，幼儿从"罗列食物"到"绘制食材清单"并进行准备，是自我能力意识的转变；在过程中遇到问题学会迁移生活经验尝试解决，是问题解决能力的提升；学会倾听他人的建议与需求及时调整，是个人成长的体现。

故事四：一起表达幸福吧！

在惬意的茶歇好时光结束后，我邀请孩子们分享自己的感受和体会。有的孩子静静地听着同伴的分享，时而补充赞同；还有的孩子默默地什么也不说。这个让所有孩子都为之兴奋，感到幸福的活动，照理大家应该都有很多体会，想争着说才对，怎么会有孩子不愿意说呢？我意识到在生活中，孩子常常能感受爱、体会幸福，但是对于大胆表达幸福的能力却不足，该如何提升孩子表达幸福的能力呢？会不会是集中分享的方式让部分孩子觉得害羞不好意思说？还是孩子们想要对其他人来分享感受呢？带着这样的思考，我特别想听听孩子们的想法："快乐幸福的感受除了跟老师、好朋友说，你们还想跟谁说呢？"小诚想了想说："我想跟爸爸妈妈说。"小浩说："我想和小区的好伙伴说我的幼儿园有这么特别的活动，他一定很惊讶。"我继续问道："美好的感受除了像我们这样面对面地说，你们还想用什么方式说？"默默低头不语的小源说："我想在班级的温馨小屋里录个视频发给爸爸妈妈。"刚才不愿意参与分享的小瑶说："我想把心情画在纸上。"孩子们梳理出他们想表达幸福的不同方式。

方式一：在幼儿园面对面和老师、好朋友说。

方式二：和小区的好伙伴说说幼儿园的特别活动。

方式三：录制活动视频并配上自己的解说，回家跟爸爸妈妈分享。

方式四：把心情和感受画在纸上。

原来并不是孩子们不愿意分享，而是我们没有充分拓宽孩子表达的对象和方式，将分享单一化了。于是，我帮助他们录制了视频，启发他们绘画，引导他们运用思维导图工具，丰富幼儿"说"的形式，让幸福情感可视、可感、可说。

孩子们拿着自己绘制的思维导图交流着。但他们的思维导图画得很简单，仅用笑脸、打钩等标志代表自己的心情，自然说的内容就不丰富。我引导孩子："一定有一些特别的事情会让你们觉得自己很幸福，可以尝试把他们画下来。"于是孩子们在气泡图中画上了关键事件，也让自己和他人一目了然。孩子们可说的素材多了，感受到的幸福也就更加具体和丰富。

当孩子们说："我太喜欢茶歇好时光了，美食好多，吃得真满足。"我说道："原来吃到好吃的美食是幸福。"我继续追问："这些美食是谁做的？"孩

绘制思维导图

子们满脸骄傲地说:"我们自己做的。"我补充:"原来吃到自己亲手制作的美食是幸福。"当孩子们说:"没想到真的能在幼儿园的草地上吃点心,感觉太棒了!"我说道:"通过努力实现自己的愿望就是幸福。"当孩子们说:"今天我和好朋友坐在一起吃着三明治,好开心呀。"我回应道:"和好朋友在一起做喜欢的事儿就是幸福。"我和孩子们一起梳理着幸福的含义:"幸福就在我们的身边,我们用一双发现的眼睛去寻找它,感受它,幸福就是这么简单。幸福需要大家一起创造,通过自己努力获得的幸福最甜蜜也最精彩。"

教师反思:

教师关注到幼儿活动后的表达体会,改变着以往"集中分享"的方式,倾听幼儿心声拓宽"说"的形式,体现着对儿童个性化表达的重视。同时,教师借助思维导图这一工具记录、呈现幼儿思维的样态,让幼儿绘制属于自己的幸福思维导图。教师扮演着"解读者"和"提升者"的角色,把收集到幼儿表达具体的内容进行梳理提炼,让孩子从自己的表述中感受幸福的本质与意义。教师是幸福的传播者,传递的幸福理念是"幸福是需要靠自己去创造的",通过幼儿的活动不断诠释解读幸福的含义,在幼儿的心灵种下了一颗"自我实现"的幸福种子。

教师感悟：

"茶歇好时光"是幼儿在教师支持下对实现自己愿望的实践与探索，展现了幼儿获得自我效能感和幸福感的学习与发展。首先，教师注重幼儿兴趣点与教育生长点的巧妙结合，赋予幼儿充分的话语权、游戏权和决策权，最大限度地让幼儿展现自主、实现想法，使幼儿时刻感受到被尊重、被理解、被赏识，从而增强自信心、自豪感和归属感，幸福感油然而生。其次，教师秉持幼儿是环境的主人，鼓励幼儿积极创设和兴趣、需要相适应的环境条件，通过细心观察、引发思考、支持回应，引导幼儿朝着自己期望的方向，一步一步实现对环境的创设、调整和优化，进而提升幼儿对环境的驾驭能力，让幼儿获得创造环境的幸福体验。同时，教师有意识营造宽松、愉悦、自主的人际交往氛围，建立师幼间关爱、平等、尊重、信任的互动关系，帮助幼儿搭建同伴间友爱互助、协商合作的交往机会与平台，助推幼儿在活动中发展良好的人际关系，幼儿因拥有积极、融洽、真诚的人际关系而充盈着幸福感。此外，教师关注幼儿在活动中的学习与发展，通过组织幼儿回顾、反思、梳理、总结，呈现从萌发想法—推进活动—实现愿望的活动轨迹和心路历程，让幼儿看到自己为实现共同目标作出的努力、在群体中发挥的作用、自身的点滴进步、获得的经验等，分享并见证自己的成长，获得自我满足感便是最大的幸福。

幸福感教育在孩子人生教育中发挥着至关重要的作用，它为孩子建立起正确的人生幸福观；塑造了孩子阳光自信的性格；给孩子带来追求幸福、创造幸福、享受幸福、表达幸福的快乐体验。向幸福出发，让孩子感悟生命的意义与价值，带着温暖与爱去感受生活中的真、善、美，让每位孩子遇见更美好的自己。

（周思祺）

餐厅包厢情趣多

故事缘起：

一次偶然的餐后闲聊，仟仟突然提起了周末和爸爸妈妈到特别的餐厅进餐的话题，引发了周围同伴们的热议。"周末，爸爸妈妈带我和哥哥去漂亮的餐厅吃饭，那里有音乐阶梯，还有很多漂亮的花，菜也很好吃，那个肉还会冒烟呢！""我去过公主的餐厅，连面条上面都有皇冠。""我去过的餐厅里面还有小姐姐给我们弹钢琴呢！"……孩子们聊起和爸爸妈妈外出进餐的体验显得特别开心和兴奋，甚至平时进餐量偏少或有挑食、偏食习惯的部分孩子也兴致勃勃地参与其中，对造型各异、色彩丰富的餐点和环境赞不绝口，有的孩子还提出"要是幼儿园也有这样美美的餐厅就好了"。

幼儿园日常的进餐环境基本固定，每周五的自助餐虽在桌椅摆放和食物多样性上给了孩子更丰富的体验，但仍有部分幼儿存在进食慢、挑偏食的现象。在与孩子们闲聊的基础上，我针对餐厅环境与幼儿进食兴趣之间的联系发放了调查问卷，了解到大部分孩子在外出进餐时对有特色造型餐点、可自主选择搭配及有明显主题环境的餐厅更为偏爱，也更愿意尝试平时不爱吃的食物。为了满足孩子们的愿望，帮助孩子养成良好的进餐习惯，在温馨的氛围中获得享受美食的幸福体验，我决定支持他们创设属于自己的班级特色餐厅。

分享特别的用餐体验

故事一：特别的餐厅长什么样？

班级的特色餐厅可以怎么创设呢？孩子们利用周末再次前往自己印象深刻的餐厅，通过拍照或绘画的方式记录最吸引自己的地方，并和小伙伴们分享自己创设班级特色餐厅的想法。

小媛说："我希望这个餐厅里有个透明帐篷，晚上在里面吃饭可以欣赏到天上的星星、月亮，如果有乌云也不怕，帐篷顶上还有好多星星灯，打开也非常美！"

阿垚说："我的这家餐厅像原始森林，到处都是树啊、草啊，还有非常漂亮的泡泡灯，里面的比萨还是恐龙造型的！"

仟仟说："这个餐厅开在草坪上，有印第安人的帐篷，还有很多野餐用的东西，我们可以坐在桌子边吃饭，也可以在地毯或者帐篷里吃。"

其他孩子看着视频、照片，听着绘声绘色的介绍，也激动地讨论起来："我们也搭个帐篷吧！""可以在教室挂满星星灯，一闪一闪的一定很漂亮。""对，还要漂亮的桌布，还有那种好看的盘子和碗。"……

看着孩子们兴致逐渐高涨，我抛出了一个问题："这个餐厅要设置在哪里比较合适呢？"孩子们又讨论起来："我们到户外的小草坪，就能做一个野餐餐厅了。""不行不行，草地离班级太远了，要是下雨了就没办法进餐了。""就在我们大

绘制心目中的特色餐厅

四班吧！"我又问："看来这个餐厅要设在我们自己的班级里，应该选择哪个位置，怎样才能更温馨、更漂亮呢？"孩子们纷纷表达："我们可以把这些桌子挪开，再买一个充气透明帐篷。""可以点蜡烛，就像我们过生日那样。"听到孩子们天马行空的想法，我不置可否，鼓励他们可以试着将想法付诸行动。

教师反思：

支持儿童的第一步就是要倾听他们的想法，关注他们的需求与兴趣点，让他们在自由讨论中充分互动，进行思维的碰撞与启发。在有了创设班级特色餐厅的想法后，教师鼓励幼儿再次考察曾经去过的特色餐厅，并有意识地记录并分享自己收集到的信息。在津津乐道、天马行空的讨论和表达中，幼儿提出了建立班级特色餐厅的初步设想。虽然他们的想法有点偏离实际，但教师仍鼓励他们按自己的想法去尝试，希望他们在后续活动中自己发现问题、自主解决问题，从而在实践过程中获得经验，进一步提升解决问题的能力。

故事二：一起创设餐厅包厢

餐厅包厢创设在哪里？孩子们想要的餐厅包厢是什么样子的呢？

孩子们分成男女两队，对班级各个角落开始了实地考察。

男生们在班级里、寝室里、走廊上到处看看，每到一个地方就行动起来拼摆餐桌和屏风，发现怎么摆都显得非常拥挤。而女生们则每到一个地方就开始先讨论起来："这个墙上挂的东西太多了，不能挂我喜欢的灯串。""这里太小了，根本放不下桌子。""寝室离班级太远了，取菜有点不方便。"……经过讨论、现场验证，大家一致同意将安静、宽敞而又温馨的书吧作为我们的特色餐厅小包厢，实现一区多用。

孩子们自由分组绘制餐厅设计图，并通过投票，选出了最受欢迎的餐厅设计方案。餐桌摆花、漂亮桌布、蜡烛、彩灯、特色餐具……这么多的材料，去哪里找呢？孩子们走访各班级，向教师询问、收集会闪的彩灯和摆件；一起到幼儿园资料室借出花桌布和屏风，到生活坊借出加工食物的模具；和小伙伴自主相约周末去商店采购漂亮的餐具和餐垫等各种各样、琳琅满目的装饰物品摆满了班级的材料柜。

票选设计图

到幼儿园收集各种材料

分类收纳不同物品

"这么多东西,怎样在每次布置小包厢的时候,能又快又方便地选出自己想要的呢?"我问道。

小丽说:"可以把它们整齐地摆在柜子上,需要什么拿什么。"

小宇说:"可以把一样的东西放在一起,分类放。"

我接着问:"那应该怎样分类呢?"

阿垚走上前,一边说着一边动起手来:"这些彩灯、小灯笼、彩纱是挂起来装饰用的,这些蜡烛和鲜花是摆在桌子上的,这些盘子和小勺子都是餐具,它们可以放在一起。"

洋洋马上接着说："对，还可以给它们做个标识，这样一看就知道了。"

经过热烈的交流讨论，孩子们将所有物品根据用途分为了装饰类、餐具类、摆件类、靠垫类等，并找来班级不同规格的收纳箱，贴上相应的标识，这样就很方便进行取放。

教师反思：

在倾听孩子们想法的基础上，教师没有急于将解决问题的方法告知孩子，而是给予孩子们自主、开放的时间和空间，鼓励他们自主寻找餐厅包厢适宜的场地，尊重孩子们将书吧作为餐厅包厢的选择，引导孩子们结合自己的生活经验自主准备创设包厢的材料，大胆向园里的教师们询问、借出所需要的物品，并启发孩子们运用日常游戏的经验给材料分类、做标志，帮助他们在不断尝试的过程中解决问题，推动孩子们在活动中积极主动地学习和发展。

故事三：餐厅包厢小约定

餐厅包厢只有一个，那么谁可以进入小包厢进餐呢？

"当然是很有本领的人才能进去吃饭啦！"一个声音引起了大家的注意，孩子们纷纷表示赞同。

我问："那什么叫作有本领？哪些地方做得好可以进小包厢呢？"

商讨包厢约定

仟仟说："要吃饭第一名的小朋友才能进去。"

乐乐说："要吃饭不挑食的小朋友才能进。"

阿谷说："吃完饭桌面很干净的人才能进去，不然会把小包厢弄脏的。"……

孩子们不约而同地把他们认为"进餐快""专心进餐不开玩笑""不挑食不剩菜""餐后整理快又好"这些行为作为进入小包厢的条件，他们还

分工合作创设小包厢

根据小包厢场地的大小，确定了每次进入小包厢的人数为5人。接着，我又提出了一个问题："有的小朋友虽然进餐不是最快，可是他每天都有进步，可以进小包厢吗？"经过讨论，大家决定另外增设一个"进步星"的位置，请每天进步最大的孩子第二天和其他5个进餐"有本领"的孩子一起进入小包厢进餐。

突然，阿垚站了起来说："我们每天是不是可以把小包厢布置成自己喜欢的样子？"

我微笑着说："当然可以啦！"

阿垚接着问："那小餐厅要不要像值日生一样，做一个分工计划呢？这样我们就能知道要做哪些事情啦！"

我问："你们觉得小包厢有哪些任务？要怎么分工呢？"孩子们再一次热烈地讨论起来。

洋洋说："我们每天有6个人可以进小包厢，6个人完成不同的任务。"

晨晨说："我们每天要有一个人去门口食谱栏看一下明天吃什么，这样我

们就可以根据食物来设计小包厢了。"

仟仟说:"对,吃意大利面的时候我们就可以把小包厢变成像西餐厅一样,还可以用叉子。"

阿垚说:"有的人可以装饰屏风,有的人可以铺桌布、摆餐具,有的人还可以像平时自助餐那样,将饭团压成不同的造型。"

小宇也积极参与了讨论:"我们可以有环境组、摆盘组、卫生组,卫生组的人可以等大家都吃完了来收拾整理桌面和其他材料。"

……

我惊讶于孩子们的想法,他们已经将每天值日生的分工计划以及生活中的用餐经验迁移到了小包厢的创设中。孩子们还将小包厢的约定以图文并茂的方式画下来,他们越发期待着能到"餐厅包厢"里进餐。

教师反思:

孩子的能量是无限的,当我们放手给孩子更多思考、表达的机会,他们所表现出来的往往出乎我们的意料。从"谁可以进入小包厢用餐"到"进入小包厢要怎么分工",孩子们充分调动自己的生活经验,大胆表达自己的想法,展现出对自己能力的自信和肯定。经过自主讨论制订小包厢约定,有利于激发孩子们自觉遵守规则的意愿,并在活动过程中逐步将规则进行内化。

故事四:包厢里的快乐体验

今天的食谱是米饭、荔枝肉、彩椒鱼豆腐和炒青菜。自由活动时间,"包厢6人组"开始忙碌起来。环境组的小源将玫瑰花灯沿着屏风的弧形边缘有序地缠绕;宁宁将自制的盆花摆在餐桌中间,并在周围摆上浪漫的电子蜡烛;乐乐则挑选了彩色的卡通餐垫整齐地摆放在每一个座位的桌面上。摆盘组的仟仟先用番茄酱将米饭拌成淡红色,再放进卡通模具里,压出一个个造型可爱的饭团;均均则用模具把胡萝卜片、黄瓜片压出了小小的星星和爱心点缀在餐盘边缘;仟仟还把鱼豆腐里的彩椒挑出来围成五颜六色的花环装饰盘子。

装点餐厅和美食

看着孩子们的成果我也忍不住赞叹，普通的菜品在孩子们的巧手和巧思下，变成了一道道色香味俱全的美食。

在轻柔的音乐声中，孩子们入座了。他们自觉使用公勺公筷取食，自主根据自己的需要添饭添菜，细嚼慢咽地品尝着美味的食物。

仟仟说："今天的彩椒是甜甜的，我从来没吃过这么好吃的彩椒。"

均均说："我今天吃了两个饭团，一个爱心一个花朵，下次我还要试一试小熊的。"

宁宁说："今天的餐具是粉色的，我最喜欢。"

……

快乐进餐

孩子们一边品尝着美味，一边和同伴开心地讨论着对今天的午餐，不到20分钟，桌上的食物便被扫荡一空。孩子们主动收拾自己的餐具，分工拆卸并分类收纳彩灯、桌花、蜡烛等摆件，卫生组的小可还认真地擦拭桌面，清扫不小心掉在地上的食物。大家井然有序地进行着餐后的整理工作。

教师反思：

按照自己的喜好创设温馨的餐厅包厢，根据食物的类型和外形特点进行创意摆盘，与同伴在优美动听的音乐声中悠闲地进餐，孩子们在幼儿园里感受到了和爸爸妈妈在主题餐厅里进餐的愉悦体验。这种愿望被满足的幸福感从自主有序的服务劳动中，从轻声细语的交谈中，从光盘行动中自然而然地流露出来。这也让我们认识到，教师倾听孩子并给予有效的支持，可以让小小的尝试和改变，收获幼儿大大的幸福感和成就感。

教师感悟：

进餐是孩子们在园每天必需经历的生活环节。近年来，幼儿园的进餐活动除了日常固定的座位、桌椅摆放、分餐和取食方式，增加了每周一次的小自助餐和每月一次的大自助餐，让孩子们在进餐过程中有了更多自主，对于偏食、挑食、不愿意自己动手进餐的孩子，我们也采用了各种方式帮助他们逐步改善，引导孩子们循序渐进形成良好的进餐习惯和文明的进餐方式。

"餐厅小包厢"是基于孩子们的愿望而开展的进餐活动新尝试。在活动中，孩子们自主设计并分组布置进餐环境，有效提升了他们的主动性和计划性；在自己盛饭、添菜的过程中，孩子们学会根据自身的需求适量取菜；在DIY制作、趣味摆盘的过程中，孩子们感受着食物的变化和造型色彩的美，也懂得根据他人喜好搭配食材，学会体谅关心他人；在共同分工完成备餐、收拾整理的过程中，孩子们的交往合作能力也得到了进一步提升。自主、温馨、宽松的进餐方式，不仅为孩子们提供了自我服务和为他人服务的机会，培养了他们健康的饮食习惯和文明的饮食行为，使幼儿吃得健康、吃得开心，同时也使孩子们在感受幸福美好的生活中获得经验的提升，促进其身心全面健康发展。

（陈筱倩）

自己来调味

故事缘起：

午餐时，常常听到孩子们在交流："番茄牛肉的味道真好""荔枝肉好好吃"……从他们的对话中发现，孩子们对味道的感受、认识和表达较为单一。孩子们尝过哪些味道？喜欢什么味道？对不同的味道会产生哪些反应？幼儿园发生了哪些和味道有关的故事呢？一起走进他们百味纷呈的世界吧！

故事一：老师，好辣啊！

午餐时，几个孩子一边吃面条一边张着嘴巴发出"嘶嘶嘶"的声音。

幼："老师，好辣啊！"

我试了一口，原来是厨师在面里添加了一点胡椒粉。孩子们纷纷表示不喜欢这样的味道，该怎么办呢？那就来玩一个"猜味道"的游戏吧。

师：刚刚你们尝到辣的味道，是添加什么调味料才会变辣呢？

幼$_1$：辣的当然是加了辣椒。

幼$_2$：洋葱辣得会让人流眼泪。

幼$_3$：蒜头特别辣。

看来大家平日里不怎么接触胡椒粉，这时我迅速找到了胡椒粉的图片分享给孩子们。

师："面条里添加了胡椒粉才有这个味道，你们还能尝出什么调味品的味道？"

在教师的启发下，孩子们饶有兴致地细细品面条、说味道。

教师反思：

食物的好吃与否，孩子们的喜欢与否，跟食物里添加了什么调味品有很大的关系。调味品是烹饪当中不可替代、极为重要的一部分，添加不同的调味品不仅直接影响菜肴的口味，而且还关系着孩子们对菜肴的喜好，进而影响他们在进餐活动中的情绪体验。如果孩子们能更多地感知和了解不同的调味品，也许会更愿意尝试、适应和喜欢不同口味的菜肴吧。

故事二：走进味道的世界

这天我将孩子们收集的调味品集中起来，大家见到后兴奋极了。

师：大家都认识它们吗？有没有哪种味道你最想尝一尝？

幼₁：我想尝一尝辣椒，直接吃辣椒会更辣吗？

幼₂：我只想要闻一闻虾油，妈妈说虾油臭臭的。

幼₃：除了盐我都想尝一尝，因为外婆说吃太多盐对身体不好。

从孩子们的表述中可以发现，他们对

闻一闻、尝一尝调味品

调味品的认知常常来源于家长。通过闻一闻、尝一尝、想一想、看一看等一系列活动，孩子们亲身感知调味品不同的味道，初步了解了常见的调味品如生抽、陈醋、白糖的制作方法，对探索调味品有了更浓厚的兴趣。

幼："老师你知道吗？盐可以把鸡蛋泡软哦！"

在他的介绍下，大家一起展开了有关调味品的科学小实验，发现了盐、醋和糖居然还有"第二重身份"，知道了调味品除了用于烹饪还能"玩"起来。

教师反思：

调味品是厨房餐桌不可缺少的成员，虽然是生活中易于收集的，也是孩子们乐于去感知体验的，但成人却很少有意识、有机会让孩子们去感知和了解，常常只是在语言上为孩子进行简单说明。因此，教师首先应在材料上给予幼儿支持，让他们得以充分感知、探索发现，获得调味品和食物之间关系的初步认知，进而一步一步叩开调味品世界的大门。

故事三：调味我做主

在一次自助火锅时，孩子边选配菜边说："老师，我们能像自助餐厅那样给午餐调味吗？""我也想要，这样我就可以加喜欢的味道。""我还想给水果加沙拉！"

由于食堂给孩子们提供的餐食都是已调味好的成品，孩子们的可操作性不高，缺少真正的"自主调味"。我们和厨师做了约定，孩子们以自助的方式给自己的餐点添加调味品，于是，我们的"自助调味区"诞生了。

◎没有味道的面条

师："今天食堂的厨师叔叔没有给我们的面条添加调味品，要请大家自己来添加，你喜欢什么调味品都可以试一试，然后尝尝看味道如何？"

幼$_1$："我喜欢辣酱，我要加辣酱。"

师："你会吃辣吗？这个有点辣哦！"

幼$_1$："我会！我不怕辣！"

幼$_2$："我也要加辣酱。"

我心想：如果孩子们尝到这样太辣了，也就知道了如何添加调味品的量才是适宜的。

只见他们将面条搅拌后迅速把面条往嘴里送，有的幼儿吃得很香，看得出来会

我们的自助调味区

添加辣酱

吃辣，而有的幼儿面露难色，但依然努力大口吃着。

有人选择添加了冰糖，有人选择添加沙拉酱在他的面条里，还有的选择添加番茄酱……这天的面条，所有的孩子都吃得又快又好，就连平时进餐慢、挑食的孩子也表现出极大的进餐兴趣。

◎水果也调味？

这天，保育员张老师来向我寻求帮助：班上爱吃水果的小朋友特别喜欢吃，可是有几个小朋友没有提醒就常常不吃水果，怎么办才好？

给面条添加调味品

听到张老师的困扰后，我想是否能够借助我们的自助调味区来帮助他们增加对水果的喜爱度呢？

师："如果要从我们的自助调味区里，选择调味品给水果添加调味品，你想要添加什么呢？"

幼$_1$："我想要加沙拉酱！我喜欢吃水果沙拉！"

幼$_2$："可以加白糖吗？妈妈的白糖拌黄瓜我很喜欢，拌水果应该也会好吃吧？"

在大家的商量下，最终选择了沙拉酱、番茄酱、白糖来给水果调味。这几位平日里对水果热情不高的幼儿一改往日的模样，兴高采烈地装来水果，将需要的调味品也准备好，满心期待地准备调味和品尝，起初他们小心翼翼地选择了盘子里最小块的水果进行尝试，品尝后就一口接一口吃得不亦乐乎，孩子们看到后都围了过来。

给水果调味

幼₁："白糖脆脆的，这样哈密瓜就不会软软的了。"

幼₂："这样真好吃！明天我们还可以给水果调味吗？"

幼₃："我的水果沙拉特别的好吃，你们也来尝尝吧。"

看到几位吃水果"困难户"在调味品的辅助下，对水果产生了兴趣，甚至还能向伙伴推荐自己的水果沙拉，我感到十分的欣喜。同时我也深刻地感受到了调味的"魔力"，与给面条添加调味品一样，孩子们不仅是喜欢调味品对水果味道的提升，还很喜欢自己给水果调味的参与感。

教师反思：

这是孩子们第一次在幼儿园里尝试自己给餐点和水果添加调味品，原想通过这样一次活动，让孩子们了解如何添加调味品，添加多少以及添加哪一种才适宜，却没想到，即使是添加辣椒酱，或是在面条里加冰糖又加醋，这些在成人看来奇怪的味道，孩子们也吃得欢乐无比。

激发孩子们进餐兴趣的不仅仅是调味品本身，而是可以自己选择，自己做主的尝试，这让他们感到新鲜、获得满足，从而激发了进餐活动积极的情感体验。

故事四：自己做酱料

孩子们渐渐不再满足于添加调料，萌发出自己动手制作酱料的想法。做什么酱料呢？孩子们最喜欢的酱料是什么？

通过民主投票后，自制番茄酱获得了最高票。在制作过程中他们遇到了许多困难与惊喜。

◎番茄皮怎么剥？

孩子们在制作番茄酱第一步就遇到困难，制作番茄酱需要先洗净剥皮，可他们怎么努力，都没办法很好地将番茄皮剥干净。

投票选出制作的酱料

幼₁："番茄皮到底怎么剥？我怎么抠都抠不下来！"

幼₂："你要慢慢地一点一点撕下来。"

幼₃："上回我在家和妈妈做番茄炒蛋，妈妈把番茄放进热水里泡一下才剥皮的，妈妈很快就剥好皮了。"

他们向张老师寻求帮助，张老师端了碗热水给他们。果然烫过后的番茄特别容易剥皮，孩子们心里的成就感油然而生。

成功剥番茄皮

◎怎样切番茄？

幼₁："切番茄太难了！"

师："这样很危险，你看看身边的小朋友是怎么切的呢？"

幼₂："你要一只手按住番茄，一只手拿着餐刀把番茄从中间切开。"

我鼓励大家一起向祺祺学习，尝试用她的方法，看看是否又快又安全。康康终于顺利又安全地切好了番茄，交给阿米，却没想到收到了阿米的"退货"："你这个切太大了，不好捣烂，你要像祺祺这样才行，再拿去切小一点。"

切番茄的正确方式

康康只好继续开始切，他一边切一边问祺祺："这样可以吗，够小吗？"祺祺也耐心地协助康康一起完成。

◎我不想捣番茄了！

幼₁："老师，我不想捣番茄了。"

师："为什么想放弃呢？"

幼₁："因为捣番茄把我的裙子都弄脏了，我不想捣了。"

捣番茄的不同容器　　　　家长品尝番茄酱

师："丽丽发现捣番茄很容易把衣服弄脏，你们有这样的情况吗？"

幼₂："不会呀，你慢慢捣就不会弄到身上。"

幼₃："我的碗很高，就算快快捣也不会弄出去。"

幼₄："你把番茄装在盘子里捣，盘子浅浅的，肯定会把衣服弄脏。"

幼₅："我去给你找一个高高的碗，这样你的裙子就不会脏了！"

帮助同伴解决了弄脏衣服的问题，孩子们爱的举动并不止于此，他们制作好番茄酱后，还提出了想在家长会上给爸爸妈妈品尝。就这样，家长们受邀走进了中二班的美味世界。

◎爱上蒜头酱。

自从孩子们成功自制番茄酱，并得到爸爸妈妈的褒奖后，班级里掀起了自制酱料的热潮。

幼₁："这是我和妈妈一起做的蒜头酱，可好吃了！"

幼₂："我不要，蒜头很辣的！"

幼₃："蒜头臭臭的，会好吃吗？"

午餐时尝试蒜头酱

幼₄："奶奶说肚子空空的时候不能吃蒜头和辣椒这样刺激的东西。"

幼₅："妈妈说蒜头酱是福州的特色，很好吃的。"

许多孩子都对皓杨的蒜头酱产生抗拒心理，皓杨有些失落。午餐时，我和皓杨一块把蒜头酱和区域活动时制作的番茄酱分到每张一桌上，并和大家说明今天可以用香肠蘸蘸蒜头酱和番茄酱试一试。只见上午还在说"不要不要"的小朋友纷纷拿香肠蘸取着蒜头酱，小口小口地尝试着。

幼₁："嘶嘶嘶，有点辣。"

幼₂："很辣吗？蒜头酱好吃吗？"

幼₃："蒜头酱太好吃了！你快试试！"

餐后，我向大家收集对蒜头酱的看法，那些上午满心抗拒的小朋友纷纷表示蒜头酱太好吃了，甚至向皓杨问起蒜头酱是怎么制作的。通过这一次的品尝，大家爱上了曾经抗拒的蒜头，虽然有点辣，但很美味。

我们发现孩子们对蒜头酱的兴趣高涨，就将制作蒜头酱投放到区域活动中，让小朋友们自己来制作蒜头酱，并服务于我们的餐食中。

但有一天，蒜头让两个孩子产生了一些小摩擦。

幼₁："老师！我不想要他和我牵手，他的手臭臭的！"

幼₂："可是我明明洗过手了，为什么还是有一股蒜头的味道？"

幼₃："我昨天做完蒜头酱手上也是臭臭的，一直到回家都还有味道。"

幼₂："老师，怎么办呀？我不喜欢这个味道！"

一时间他的问题也难倒了我，怎样去除手上的蒜味呢？我鼓励孩子们尝试解开有关蒜味的谜团，第二天一起来交流。

幼₁："我知道了，让手变臭的是蒜头素。"

幼₂："姨婆告诉我剥橘子可以去掉手上的蒜味！"

幼₃："老师你知道吗？只要在水里一直摸不锈钢的勺子就能把蒜味去掉。"

幼₄："我们可以戴手套剥蒜，这样手上就不会有味道了。"

没想到这个令成人也感到头疼的问题，在孩子们强烈的好奇和愿望的驱使下，全家总动员找到很多除味"妙招"，并充分探索、验证，对蒜头收获更多的经验和亲近感。他们在这里遇见生活中的小智慧，收获自己的专属成长。

教师反思：

孩子们通过观察比较、模仿学习，迁移生活中的已有经验，选择适宜的方法与材料进行剥皮、切块、捣烂等一系列工序，学会了发现问题、分析原因、解决问题，也懂得了同伴互助。自己动手做酱料，充分展现了孩子们的自主性，释放了他们的学习潜能，体验到了被认可的成功感和自信心，并在不知不觉中开始越来越接纳日常不喜欢的味道，有了更加丰富的味蕾体验。

故事五：今天谁掌勺？

孩子们在幼儿园里不断尝试自主添加调味的过程中，一直在努力探索什么样的味道更美味，怎么添加调味品才会更健康。逐渐地，他们对自主掌控食物味道的兴趣愈发浓郁，想要尝试操作的范围也不再局限于幼儿园之中，于是孩子们开始在家中协助掌勺人给菜肴添加调味。就这样，每日里幼儿之间的话题由自己喜爱的卡通人物转变为自己在家中厨房里发生的趣事。

幼_1："自己加味道太好玩儿了，还特别好吃！"

幼_2："我还是更喜欢吃奶奶做的饭！"

幼_3："我爸爸做饭最好吃了！"

幼_4："我爸爸从来没有做过饭。"

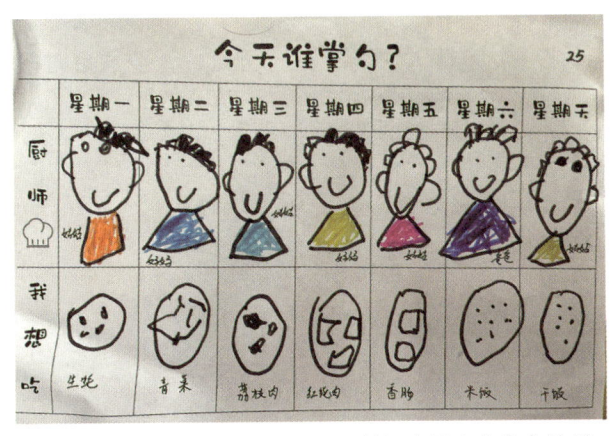

制订本周家庭掌勺计划

孩子们的对话引发了我进一步的思考，如果家中的掌勺人一直是固定一人的，那么孩子们每日接收到的饮食信息与习惯也会是固定不变的。不同的掌勺人能够带来不同的体验收获吗？

爸爸指导孩子制作餐食

为此我们延伸了"今天谁掌勺？"的家庭食育活动，由孩子们来自主制订这一周家中的掌勺人与食谱。一周后，大家踊跃地向伙伴们分享自己家"今天谁掌勺？"计划的开展情况："爸爸做的意面最好吃""我最喜欢奶奶做的荔枝肉了"……其中有欢笑、有烦恼、有成长。我们见到了一些从未下厨的爸爸热情地参与其中，见到了父母鼓励孩子，引导孩子自主准备餐食的温馨画面，见到了祖辈向孩子传授制作福州美食经验的爱的传承。

教师反思：

我们发现，部分孩子对自己家中的日常饮食没有概念，可见他们平时在家对餐饮的参与和了解甚少；而部分孩子对自己的家庭掌勺计划信心十足，能够根据家长的厨艺特长和自己的喜好来制订，甚至有的孩子还把自己也指定为掌勺人来为家人准备餐食。孩子们制订一周家中的掌勺人与食谱，体验制订每日餐食的快乐，并从中感受不同掌勺人带来的味蕾体验。家长引导孩子观察食材、合理统筹安排流程和时间，同时传授烹饪的经验，丰富了孩子们多样化的食物体验。

同时，"今天谁掌勺？"活动改变了单一掌勺人的传统习惯，鼓励全家人参与到餐食制作中，增强了家庭的凝聚力。

教师感悟：

这一活动来源于幼儿的在园餐点生活，他们通过找调味、品调味、知调味、做调味、分享调味，在学习与生活中寻找幸福与快乐的味道。

幼儿在教师的引导下感知、了解生活中常见的调味品，在此基础上尝试自主添加调味、自制调味品，不仅充分调动了进餐的主动性和轻松、愉悦的积极情感，而且学会了使用工具，懂得了饮食卫生，尝试了分工协作、增强了解决问题的能力、体验了生活情趣。

在这段特别的"食"光中，幼儿享受动手劳动、共创美味、共享美好的快乐体验，更加热爱生活。教师跟着幼儿的味蕾之旅，也品尝到了他们学习与成长的喜悦。

（任玥蓉）

"食"之有味的假期

故事缘起：

说起假期，除了周末、节假日，最令人期待的就是寒暑假，但是陪孩子玩什么、怎么玩成为很多家长的困扰。有的家长要上班，孩子交给祖辈照看，对亲子互动质量感到焦虑；有的家长给孩子报各种培训班，没有关注幼儿身心特点和发展需求。我园在开展"基于幼儿身心健康的家园食育策略研究"的过程中，不仅关注幼儿在园生活，也关切幼儿在家生活，如何充分利用幼儿假期居家，引导家长有效陪伴幼儿，通过高质量的活动，增进亲子情感，促进幼儿健康成长是我们进一步思考的问题。由此，我们尝试以食育为载体，开展假期居家生活指导，让幼儿居家生活快乐丰富且有意义。

故事一：假期的绿豆

假期教师与家长的交流多以微信为主，该用什么活动来引起幼儿和家长的兴趣呢？绘本《妈妈，买绿豆！》进入了教师的视野，它充满童年趣味又蕴含着深刻的意义，或许可以开启假期食育课程的篇章。

于是教师将《妈妈，买绿豆！》发布在微信群，请家长和孩子一起阅读，一天、两天过去了，微信群里静悄悄。于是教师在线上邀请家长、幼

绘本《妈妈，买绿豆！》

儿和教师共读绘本。在教师深度解读之后，引起家长的共鸣，关于绿豆的各种做法也引发了幼儿极大的兴趣。

欣承欣启的妈妈说："生活气息太浓郁了！好温馨的绘本，平凡的生活也能带来感动，里面是满满的怀旧气氛，简直是回忆我们小时候的生活。"

课程故事

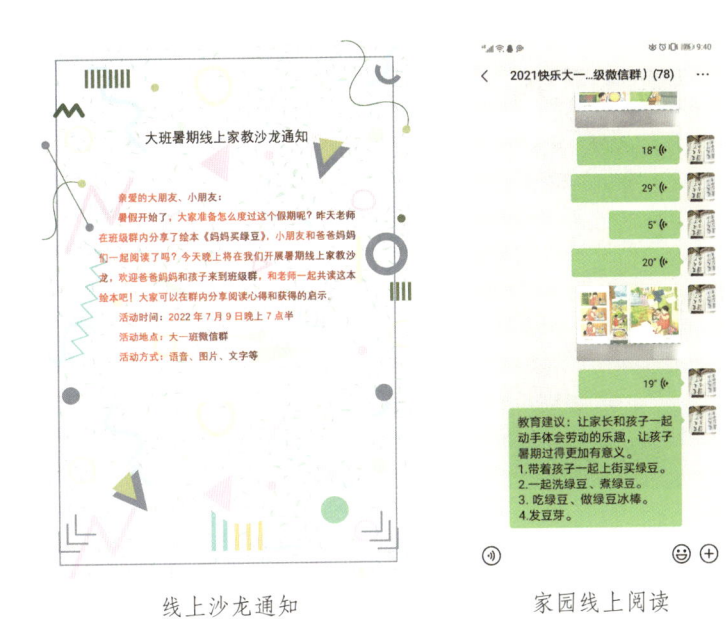

线上沙龙通知　　　　　　　家园线上阅读

云菲妈妈说:"孩子听完故事,也嚷嚷着要去买绿豆做绿豆冰,种绿豆苗。"

在家长的支持下,很多孩子行动起来了,千寻尝试选用了更适宜的容器将绿豆淘洗干净;云菲妈妈分享了云菲和她姐姐一起制作绿豆汤和绿豆冰棒的过程;辰浩和妈妈分享了制作绿豆汤的步骤图……

千寻用不同容器淘洗绿豆

105

云菲和姐姐一起制作绿豆汤和冰棒

接下来，群内又恢复了平静。于是教师将一张泡发芽的绿豆图发到班级群。

教师："我发现了一个小秘密，昨天用水泡的绿豆居然发芽了，现在不能煮绿豆汤，该怎么办呢？"宸浩很快就回复了："陈老师，发芽了就变成绿豆芽了呀？"子昂妈妈紧接着在群里发了一张子昂泡绿豆的照片。子昂说："老师我昨天也把剩下的绿豆用来发芽，你看这是我的绿豆。"教师："那我们一起来比赛看看谁的绿豆发芽成功吧。"这几天只有子昂和我在群内交流分享。

教师失败的绿豆芽

教师的绿豆芽枯萎了，于是将经历分享在班级群："因为老师没有细心照顾，所以绿豆芽失败了，有没有哪位宝贝想和老师一起挑战绿豆发芽的？"很快，一个、两个、三个……家长都纷纷表示想和孩子一起参加挑战。

平时在群里极少互动的小燕子妈妈发来私信："小燕子也很想参加，但我担心不会指导。"教师："别担心，和孩子一起参加活动，不管是成功还是失败都会有收获的。如果遇到困难，我们可以随时沟通。"在教师的建议下，家长引导孩子记录绿豆发芽的变化，引导幼儿用思维导图记录过程并在群内分享。小燕子妈妈也每天鼓励她用语音分享自己的发现。

针对家长在群内的分享，教师也及时给予回应和建议。比如子昂妈妈说："子昂为了让绿豆快点发芽，加了很多水，我劝也不听，该怎么办？"我告诉她："可以让他试一试，一种是放在潮湿的盆里，一种是放很多水的盆里，看看哪一种更容易成功。引导他观察记录绿豆的变化，说说自己的发现，不仅积累生活经验，还可以提高孩子的观察判断和表达能力。"

小燕子用语音分享自己的发现

教师反思：

引发家长情感共鸣是有效开展家园互动前提和基础，绘本《妈妈，买绿豆！》能够唤起家长童年的记忆，教师给予具体的指导建议，能激发家长对相关活动的兴趣和互动的愿望。挖掘家庭生活的价值，理解和共情家长在微信群里互动的顾虑和需求，在面向全体的同时关注个体，及时回应与指导能够帮助家长树立参与活动的信心，获得参与活动的成就感，从而让更多的家庭参与其中。

故事二：爱心豆芽菜

孩子们豆芽陆续发好了，在群内分享成功的喜悦，都说好想尝尝是什么味道。

振高："豆芽加上豆皮炒一炒。"

千寻："天这么热，做成凉拌豆芽很好吃。"

教师："怎么吃更健康呢？可以用哪些食材来搭配呢？"

幼儿自己发的绿豆芽

涵恩："我知道五色菜，老师告诉我们五种颜色的食物吃进去就会很健康。"

小燕子和妈妈在家炒了五色豆芽，用语音在群里分享："我用了胡萝卜、山药、黑木耳，还有蒜苗一起炒。五颜六色的，我给它取名叫五色豆芽菜。"

教师："不同颜色代表不同的营养，真是一道清爽又健康的美食。"

孩子用心发的豆芽，亲子一同制作的豆芽菜，如果能分享给家人，一定会是一道充满爱的豆芽菜。

课程故事

教师:"你们炒了豆芽菜除了自己吃,还想分享给谁?"

欣承欣启说:"我想给爸爸吃,爸爸每天工作很辛苦。"

涵恩说:"我爸爸最喜欢吃豆芽菜了。"

教师:"豆芽菜的做法很多,你知道爸爸喜欢哪种做法吗?"

事后涵恩询问爸爸:"我的绿豆发芽成功了,你想怎么吃呀?"

小燕子和妈妈炒五色豆芽

涵恩爸爸说:"只要是宝贝和妈妈煮的,我都喜欢。"

涵恩又请教了妈妈,妈妈说:"爸爸工作看很久的电脑,我们可以加些爸爸喜欢的,又能保护眼睛的食材一起炒吧。"

涵恩:"我知道红色的胡萝卜可以保护眼睛。豆芽菜是白色的,还可以加上黑色的黑木耳、绿色的芹菜。"

涵恩和爸爸分享豆芽菜

晚上涵恩的爸爸回到家,涵恩就亲手送上美味的五彩豆芽,亲子间爱的情感在餐桌上蔓延开来。疲惫不堪的爸爸,晚上也依然抽出时间陪伴涵恩一起玩耍。涵恩爸爸:"通过这

爸爸陪伴涵恩游戏

次的活动,发现孩子在家不那么调皮和无所事事,也开始懂得关心家人,还会运用幼儿园学到的健康饮食的知识。"涵恩爸爸也努力作出改变,花更多时间陪伴孩子,厨房里又多了一对能干的父子,一起为家人准备爱的食物。

教师反思:

在假期生活中开展亲子美食制作活动时,教师应引导家长、幼儿将获得的营养配餐等经验进行迁移,帮助亲子逐步形成健康的食育理念。当幼儿带着爱付诸行动时,情感注入会使事情本身变得富有意义且具有温度。幼儿自己发豆芽,进行营养搭配,再到亲子烹饪,使一道普通的豆芽菜充满了幸福的温暖和爱的味道。家长被孩子充满爱的行动打动,获得良好的情感体验,更加关注亲子情意和家庭氛围,尝试转变自己,甚至改变家庭原有的生活样态,呈现美好温情的家庭生活。

故事三:今天我做东

豆芽活动在群内的热议,让幼儿与同伴,以及家长间的互动更加密切。漫长的假期,他们不再满足线上互动,想邀请好朋友到家里来做客。

涵恩妈妈说:"好朋友们来了,我担心他们一整天也没什么好玩的。"教师:"可以让涵恩和好朋友一起制作和品尝美食,这不仅是他们喜欢的事情,而且很有意义呀。"涵恩和妈妈商量后,决定邀请乐阳和子昂到家做客。涵恩妈妈又犯难了:"陈老师,我该怎么引导他们做美食?"教师:"可以让孩子们一起来讨论做计划,进行分工、采购和制作。"

三个小伙伴在涵恩妈妈的引导下讨论制订五色食谱。涵恩:"夏天要吃解暑的,我想做'苦尽甘来'。"子昂:"我喜欢西红柿炒蛋。"阳阳:"我想做个冬瓜淡菜汤。"

三个孩子就动手画菜谱,检验是否做到五色搭配:红色——西红柿和枸杞、黄色——香蕉和鸡蛋、黑色——淡菜、白色——冬瓜、绿色——苦瓜和葱。

接下来,他们绘制了备餐流程图:了解五色菜—制订菜单—去超市买菜—挑选食材—买单—回家制作美食—最后品尝。

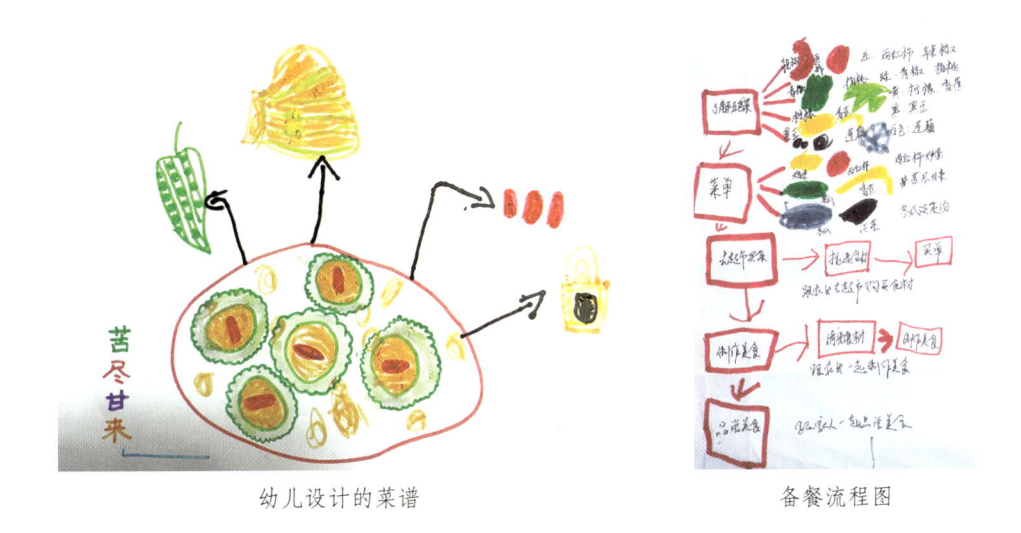

幼儿设计的菜谱　　　　　　　备餐流程图

涵恩说:"超市人很多不安全,需要大人的保护。"于是妈妈们做了分工,涵恩妈妈当"采购队长",另外两个妈妈当"安全员"和摄影师。

三个孩子在采购中都有自己的发现。涵恩:"这个超市好大呀,苦瓜、香蕉、枸杞在不同地方买的,枸杞找了好久才在干货区里找到。"子昂发现:"鸡蛋很容易碎,拿的时候要非常小心。这些西红柿有的大有的小,我挑个又大又好看的。鸡蛋和西红柿要放到秤上称一下有多重。"月阳从来没买过淡菜,不知道如何挑选,涵恩妈妈教孩子们如何挑选新鲜的淡菜。

三个孩子到收银台排队。月阳开心地说:"以前都是爸爸妈妈买单,今天我自己买单。"他们还特别关注收银机上每样菜的价格,想知道自己花了多少钱。

接下来要准备制作美食了。涵恩妈妈再次求助老师:"孩子们都想自己做,会不会做不清楚呀?"教师:"其实孩子很能干,像洗菜、打蛋、餐前碗筷的准备、餐后整理等,都是很好的学习机会。如果孩子很想试着炒菜,家长可

111

以协助，也要让孩子注意厨房的安全。"

三个孩子在妈妈们的协助下，顺利完成了从清洗到烹饪的过程，并和爸爸妈妈一起品尝。

涵恩妈妈事后开心地跟老师分享了收获，她说："我一直很怕孩子进厨房，觉得会帮倒忙，今天把主动权交给孩子，给我带来了很多惊喜，几个孩子居然能自己商量分工合作，涵恩跟小伙伴在一起非常愉快友好。"

学习挑选淡菜

孩子们自己动手清洗食材

教师反思：

"民以食为天"，中国人也常常通过一起做饭、吃饭来增进亲朋好友的情感，幼儿居家有交往的需求，和同伴在制作和品尝美食中学会交往，也渗透了良好的饮食习惯和健康饮食理念。

在教师引导下，尊重和支持孩子的需求，充分感受到孩子获得的学习和发展。如制订食谱学习营养配餐,增强计划性;在采购食材中感知数量、重量、分类、价格等,在外出购物和使用厨房工具中,增强动手操作,提高安全意识、丰富生活经验。通过合理安排孩子的假期居家生活,让居家生活变得快乐而有意义。

教师感悟:

1.食育激发、挖掘、释放家长的教育潜能。不同背景的家庭有着丰富而多元的食育经验,在假期中,家长在教师引导下,迁移在园互动的经验,挖掘生活经验的优势,发挥自己的育儿智慧,激发自身的潜能,充分感受到孩子的学习与发展,感受平凡生活中的教育意义和价值。

2.食育让假期居家生活更富有情感温度。幼儿和父母一同制作和分享美食,是一种爱的表达,也是一种亲情的传递。厨房有忙碌的身影,餐桌有幸福的味道,家人之间因为食物有了更多共同的话题,亲子关系与家庭氛围也因此更加快乐、温馨而美好。

3.食育让假期居家生活更具有成长意义。通过居家食育活动,渗透"食"的知识,培养"食"的能力,养成良好的饮食习惯,形成健康生活方式。教师适时适度的指导与支持,能充分挖掘食育对幼儿学习与发展的教育价值,提升亲子陪伴的质量,让假期居家生活成为孩子学习成长的快乐时空。

(陈文清)